# 평범한 부모는 용돈만 주고
# 부자들은 돈공부를 시킨다

**평범한 부모는 용돈만 주고
부자들은 돈 공부를 시킨다**

초판 1쇄 인쇄 2020년 8월 6일
초판 1쇄 발행 2020년 8월 15일

지은이 요코야마 미쓰아키  옮긴이 이선주

펴낸이 이상순  주간 서인찬  편집장 박윤주  제작이사 이상광
기획편집 박월 최은정 이주미 이세원  디자인 유영준 이민정
마케팅홍보 신희용 김경민  경영지원 고은정

펴낸곳 (주)도서출판 아름다운사람들
주소 (10881) 경기도 파주시 회동길 103
대표전화 (031) 8074-0082  팩스 (031) 955-1083
이메일 books777@naver.com  홈페이지 www.books114.net

ISBN 978-89-6513-615-6  13590

KODOMO GA 10SAI NI NATTARA TOUSHI WO SASENASAI
by Yokoyama Mitsuaki
Copyright © 2019 Yokoyama Mitsuaki
All rights reserved.
Originally published in Japan by SEISHUN PUBLISHING CO., LTD., Tokyo.
Korean translation rights arranged with©SEISHUN PUBLISHING CO., LTD., Japan
through EntersKorea Co., Ltd.

이 책의 한국어판 저작권은 (주)엔터스코리아를 통해 저작권자와 독점 계약한 (주)도서출판 아름다운사람들에 있습니다.
신저작권법에 의하여 한국 내에서 보호를 받는 저작물이므로 무단전재와 복제를 금합니다.

이 도서의 국립중앙도서관 출판예정도서목록(CIP)은 서지정보유통지원시스템 홈페이지(http://seoji.nl.go.kr)와
국가자료종합목록 구축시스템(http://kolis-net.nl.go.kr)에서 이용하실 수 있습니다. (CIP제어번호 : CIP2020031116)

파본은 구입하신 서점에서 교환해 드립니다.
이 책은 신 저작권법에 의하여 보호를 받는 저작물이므로 무단 전재와 복제를 금합니다.

# 평범한 부모는 용돈만 주고
# 부자들은 돈 공부를 시킨다

요코야마 미쓰아키 지음
이선주 옮김

아름다운사람들

들어가며

# 아이의 마음에 돈에 대한 불안이 자리 잡기 전에

우리 가족은 아이 6명에 아내와 저, 8인 가족입니다. 아내와 저는 금융 자산 관리사이며, 가계 재생 컨설턴트로 2만 3,000명이 넘는 고객의 가계 재무 상담을 해 왔습니다.

그런 배경으로 우리 집에서는 아이들과 돈에 관한 이야기를 공개적으로 합니다. 한 달에 한 번 '가족 재정 회의'를 열고 있습니다. 아이들은 우리 집의 수입, 지출, 저축액부터 투자금액까지 돈에 관한 모든 수치를 알고 가족의 돈 사용처에 대해 항상 함께 고민합니다 (가족 재정 회의에 대해서는 나중에 자세하게 설명하겠습니다).

이렇게 경제 교육을 해 온 보람이 있었는지 큰딸은 절약가이며 계획적으로 돈을 사용하고 절약하는 사람이 되었습니다. 셋째 딸과 넷째 딸은 느긋하고 다소 멋대로인 성격이지만 돈을 쓸 때만큼은 목적의식을 가지고 있습니다. 같은 가정에서 자라도 금전 감각에는 개성이 반영된다는 사실이 재미있지요.

이 책은 금융 자산 관리사로서 그리고 현재진행형으로 아이를 키우는 한 사람의 아버지로서 아이들에게 알려주고 싶은 돈 이야기를 모은 것입니다.

'열 살'이 돈에 대해서 생각하기 시작하는 시기라는 것은 여섯 아이를 양육하면서 깨달은 경험적 지식이며, 가족 대상 세미나에서 만났던 어린이들을 통해 실제로 알게 된 사실이기도 합니다.

열 살 정도가 되면 아이들은 '돈은 쓰면 없어진다'라는 사실을 넘어서 나중을 대비해 돈 사용 계획을 세울 수 있게 됩니다.

'지금 여기서 갖고 싶은 물건을 전부 사면 용돈이 없어져 버린다. 일단 참고 다음 달 용돈과 원래 가진 돈을 합쳐 더 갖고 싶었던 물건을 사야겠다.' '세뱃돈을 받아 바로 다 쓰지 말고 매달 용돈이 부족해질 때 보충할 수 있게 남겨 두어야겠다.'

열 살은 이런 식으로 스스로 계획적인 지출을 생각할 수 있게 되는 나이입니다. 이 시기에 돈에 관련된 지식, 투자에 관한 정보를 부모와 자녀가 함께 공부한다면 아이들의 금전 감각은 한층 빛날 것입니다. 특히 투자에 관해서는 필요 이상의 잡념이 없어 꼭 알아야 할 핵심을 어른보다 더욱 잘 흡수할 것이라는 생각이 듭니다.

부모라면 누구나 자녀가 돈 때문에 어려움을 겪지 않는 인생을 살았으면 좋겠다고 생각하지요. 그 생각을 잘 알기에 이 책을 쓰게 되었습니다.

"그런데, 제가 돈에 관해서 잘 모르는데 아이에게 잘 가르쳐 줄 수 있을지 걱정이에요." 이렇게 생각하는 부모님도 계시겠지요. 하지만 걱정하지 않아도 됩니다. 아이와 함께 배운다는 마음으로 책장을 천천히 넘겨 보세요. 돈과 투자의 관계를 알면 돈과 사회의 관계도 보이기 시작합니다.

아이와 돈에 관한 이야기를 나누면서 당신의 금융 지식도 조금씩 향상된다면 저자로서 더 이상의 기쁨은 없겠습니다.

**차례**

들어가며  아이의 마음에 돈에 대한 불안이 자리 잡기 전에 · 7

## 1장
## 당신과 아이의 현재를 알아보는 '돈'에 관한 6개의 질문

### 돈에 관한 6개의 질문 · 16

**질문 1.** 아이가 명절에 받은 세뱃돈을 친구에게 나누어 주었습니다!
"뭘 잘못한 거예요? 다들 좋아했다고요!" 아이가 이렇게 말한다면
당신은 어떻게 답하시겠습니까? · 19
**돈에 관한 작은 실수는 미래의 큰 실수를 예방한다**

**질문 2.** 아이가 "부자가 되려면 어떻게 하면 되나요?"라고 묻는다면
당신은 어떻게 답하시겠습니까? · 22
**아이가 돈에 관해 생각하게 되는 두 가지 질문**

**질문 3.** 아이가 "노후 자금 문제가 뭐예요?"라고 묻는다면
당신은 어떻게 답하시겠습니까? · 25
**'돈'은 최고의 교재**

**질문 4.** 당신은 배우자나 가족과 가정 경제에 대해 의논하고 있습니까? · 28
**돈에 관한 이야기는 회피하지 않나요?**

**질문 5.** 당신은 투자 경험이 있습니까? · 31
**수확은 10년, 20년 뒤**

질문 6. 돈과 관련하여 성공하거나 실패한 경험이 있습니까? · 34
'돈을 어떻게 쓸 것인가'는 '어떻게 살 것인가'와 같은 말이다

# 2장
# 부자 아이로 키우는 경제 습관 잡아 주기

### 아이의 성장을 위한 용돈 주는 방법 · 40
'일시금 방식'과 '보수 방식'을 권하지 않는 이유 · '뭘 갖고 싶니'보다 '뭐가 필요하니'

### '돈에 관한 실수'는 빠를수록 좋다 · 46
인생에서 처음으로 만져 보는 '큰돈'은 세뱃돈 · 용돈을 미리 당겨서 주는 것은 NG

### '니즈'와 '원츠'의 필터에 거른다 · 51
'갖고 싶은 것'은 '필요한 것'을 채우고 나서

### 소비, 낭비, 투자로 나누는 '가계 삼분법' · 56
소비일까, 낭비일까, 아니면 투자일까? · '용돈 기입장'을 쓰게 하려면

### 가족 재정 회의의 추천 · 62
가족 재정 회의의 또 다른 효용 · 돈의 사용 계획을 발표하게 한다 · "공동 사용 물품 중에 사고 싶은 물건이 있니?" 하고 물어본다

### 아이에게 여행이나 나들이 예산을 짜게 한다 · 71
돈을 적절하게 쓰는 기쁨을 깨닫는다 · 경험을 통해 상품의 가격을 이해한다

### 아이 전용 계좌를 개설하자 · 76
잔액이나 씀씀이는 깐깐하지 않게 점검한다

### 카드 사용 연습으로는 '직불 카드'가 좋다 · 80
카드 결제의 위험을 살짝 맛보게 한다

## 3장
## 아이에게 '돈을 불리는 방법'을 가르쳐라

**돈이 불어나는 이미지를 떠올리게 한다** · 86
투자란 돈이 돈을 벌게 하는 것 · 투자는 빨리 시작할수록 유리하다 · 핵심은 '분산', '적립', '장기'

**저축이 얼마나 있으면 투자를 시작해야 할까?** · 91
투자를 너무 많이 하지 않게 조심한다 · 가격 변동이 적은 펀드를 추천

**기간이 길수록 복리가 힘을 발휘한다** · 96
복리는 눈덩이처럼 불어난다?!

**투자에서 시간은 신** · 100
적립 투자의 장점

**리스크를 '위험성'이라고 가르쳐서는 안 된다** · 104
빨리 시작할수록 자산은 크게 성장한다

**'하지 않는 리스크'에 대해서도 알려 주자** · 109
투자를 할 때 명심해야 할 네 가지 마음가짐

**어떤 상품에 투자하면 좋을까?** · 113
성장하는 나라에 관심을 가진다 · 돈을 불리는 방법은 전문가에게 맡겨라

**투자와 도박은 뭐가 다를까?** · 119
투기를 하려면 '낭비' 범위 안에서

**보험의 역할을 아이에게 설명할 수 있나요?** · 123
'보험으로 교육비를 모으기'를 권하지 않는 이유

**불로소득도 귀한 자산임을 가르쳐라** · 128

**아이의 명의로 증권 계좌를 만들자** · 131
세금 수속은 간단하게 처리 · '분산'을 실현할 수 있는 펀드 두 가지

## 4장
# 돈 공부를 시켰더니 공부를 시작합니다

### 용돈은 '원'과 '달러' 중에서 선택 · 138
달러를 사용할 수 있는 곳에 가 보고 싶어진다

### 돈으로 가르치면 '앞일'을 계획할 수 있다 · 142
'미래를 내다보는 힘'을 키운다 · '자기 일'이면 돈에 대해 진지하게 생각한다

### 나이에 따라 무엇을 어디까지 가르쳐야 할까? · 147
부모가 지켜야 할 한 가지 원칙

### 돈 문제를 공개하는 일이 가지는 큰 의의 · 151
아이가 '학비가 어느 정도 드는지' 알면

### 국제 뉴스와 나의 돈은 이어져 있다 · 155
주가도 나의 돈과 연동되어 있다

### 장래에 어떤 일로 돈을 벌까? · 159
대학생이 되면 스스로 학비 일부를 부담

### 가난하면 불행할까? 부유하면 행복할까? · 163
결국, 돈을 대하는 자신의 기준이 중요하다

### 돈의 가치는 계속 변화한다 · 167
투자를 시작해야 하는 시점은 언제나 '지금'

### 회사의 구조를 알면 주식도 안다 · 171
아이에게 익숙한 회사에 투자해 보게 해도 좋다


**맺으며** 당당한 삶에는 돈 공부가 필요합니다 · 175

## 1장

# 당신과 아이의 현재를 알아보는 '돈'에 관한 6개의 질문

# 돈에 관한
# 6개의 질문

저는 지금까지 2만 3,000명이 넘는 고객의 가계 재무 상담을 해 왔는데 그중 70~80%는 '돈에 대한 불안'을 안고 있었습니다.

그 불안은 막연하여 구체적으로 무엇을 두려워하는지 본인도 파악하지 못하는 경우가 대부분입니다. 자녀가 생기면 '장래에 분명 큰돈이 필요할 테니 저축이 충분하지 않으면 불안하다'라는 생각에 위축되는 부모님들도 적지 않습니다.

분명 살아가는 동안 적지 않은 돈이 필요합니다. 그러나 '잘 모르지만 불안하니까 일단 돈을 모아야겠다'라는 각오로 지나치게 절약하는 생활을 계속한다면 행복한 생활이라고 할 수 없겠지요.

저는 고객들의 적자 가계를 재점검하고 복구하기 위해 상담을 하면서 저축을 권합니다. 하지만 제가 바라는 것은 금욕적으로 절약하기에만 힘쓰는 생활이 아니라 '돈과 잘 지내는 생활'입니다. 물론 어느 정도 아껴 쓸 필요는 있지만, 아이들과 하루하루를 즐겁게 지내며 돈과 바꿀 수 없는 기쁨을 누리고 실현했으면 좋겠습니다.

그런데 왜 어린 시절부터 돈을 접해 왔고 스스로 일해서 돈을 벌게 된 어른들이 막연하게 돈에 대한 불안을 껴안고 살아갈까요?

가장 큰 이유는 교육입니다. 학교 교육 현장에서는 생활에 가장 밀접한 돈에 대한 주제가 거의 나오지 않습니다. 무역이나 세계 경제는 배우지만 사회로 진출한 뒤에 도움이 될 돈에 관한 지식을 가르쳐 주는 수업은 극히 드뭅니다. 투자나 보험 관련 지식은 어른이 되고 나서 독학하는 것이 당연한 상황입니다.

이렇게 **밀접하게 매일 사용하는 돈인데도 그 본질은 잘 모릅니다.** 성인이 되어도 돈에 대한 불안이 없어지지 않는 이유는 이 때문입니다. 또, 대부분 가정에서 아이와 돈에 관한 이야기는 하지 않습니다. 부모 역시 정확하게 모르는 지식을 알려주기는 어렵기 때문이겠지요. 그러나 돈 문제에 무지한 채로 사회에 진출하는 현 상황의 폐해는 누구보다도 이 책을 읽는 당신이 가장 절실하게 느끼고 있지 않나요?

자녀의 마음에 막연한 돈에 대한 불안이 깊이 자리 잡기 전에 할 수 있는 일이 있습니다. 바로 아이들과 돈에 관한 이야기를 나누는 것입니다.

### 당신이 알면 아이도 안다!

1장에서는 당신과 아이의 돈에 관한 현재 상황을 알기 위해 여섯 개의 질문을 준비했습니다.

앞의 세 질문은 자녀가 이런 일을 했을 때, 이렇게 물어볼 때, 어떻게 대응할지를 상상하면서 대답해 보세요. 부모로서 돈에 관해 이야기할 때 당신의 태도를 알 수 있습니다.

뒤의 세 질문은 제가 당신에게 하는 질문입니다. 각 질문에 대답하면서 '돈을 인식하는 방법', '투자', '돈을 사용하는 방법'을 다시 확인할 수 있습니다.

이 6개의 질문에 답하면서 돈이나 투자를 대하는 당신의 사고방식뿐만 아니라 어렴풋한 상태로 방치되어 있던 불안도 드러날 것입니다.

무엇을 모르는지 몰라서 생겼던 불안이 점점 명확하게 보이기 시작한다면 준비 완료입니다. 그 답은 2장 이후에 쓰여 있습니다. 읽고 이해하고 자녀에게 설명하면서 '돈'이나 '투자'에 대한 이해가 깊어지고 동시에 불안도 사라져 갈 것입니다.

◉ 질문1 ◉

아이가 명절에 받은 세뱃돈을
친구에게 나누어 주었습니다!
"뭘 잘못한 거예요? 다들 좋아했다고요!"
아이가 이렇게 말한다면
당신은 어떻게 답하시겠습니까?

우리 집에서 실제로 일어난 일입니다. 지금 초등학교 5학년이 된 막내딸이 2학년이던 때였습니다. 새해에 받은 세뱃돈 8만 원을 친구들에게 나누어 준 것입니다. 이유는 단순히 '친구가 좋아하니까'였습니다. 친구 8명에게 1만 원씩 나누어 주었고, 나중에 각자의 부모님들이 우리 집에 그 돈을 돌려주러 오셨습니다.

얼마 후에는 다른 친구가 세뱃돈으로 받은 1만 원 지폐를 가지고 이걸로 놀자며 친구들을 불러 모아 장난감 자판기에서 캡슐 장난감을 엄청나게 많이 뽑은 사건도 일어났습니다. 쓸 돈이 없었을 텐데 아이들이 캡슐 장난감을 5~6개씩 가지고 돌아오니 집마다 이상하게 생각하여 발각되었지요.

최근에는 추석에도 용돈을 주는 관습이 생기기도 한다지만, 설날 세뱃돈은 아이들에게 수만 원, 수십만 원 단위의 돈이 들어오는 1년에 한 번 있을까 말까 한 기회입니다. 평소 용돈이 수천 원 정도인 아이들에게는 엄청난 거금이지요. 더구나 초등학교 저학년인 아이들은 그 가치도 제대로 모릅니다.

그래서 저희 아이는 친구들이 좋아하니까 돈을 나누어 주었고, 다른 친구는 캡슐 장난감 뽑기 사건을 일으켰지요. 둘 다 나쁜 뜻은 없었습니다. 친구가 좋아하는 일을 해 준 것뿐이었습니다. 다만, 돈의 사용 방법으로는 옳지 않았습니다.

그 실수를 부모로서 어떻게 알려주면 좋을까요? 아이는 '뭘 잘못한 거지? 다들 좋아했는데'라고 생각했겠지요. 우리 집에서는 아내와 제가 "돈을 그렇게 써서는 안 돼. 돈은 다른 사람에게 나누어 주는 것이 아니야. 뭘 잘못했는지 생각해 보렴" 하고 야단을 치고 앞으로 그러지 않도록 단단히 주의를 주었습니다. 저와 아내가 둘 다 평소와 다르게 심각한 표정을 지었기 때문인지 딸아이는 눈물까지 글썽이며 반성하고 잘못을 뉘우쳤습니다.

## 돈에 관한 작은 실수는 미래의 큰 실수를 예방한다

만약 당신의 자녀가 세뱃돈을 친구에게 나누어 주고 "뭘 잘못한 거예요? 다들 좋아했다고요"라고 말한다면 뭐라고 답하시겠습니까?

일단 따끔하게 꾸짖어야 심각성을 가르칠 수 있겠지요. 그러나 잘

못했다고 나무라기만 할 것이 아니라 좋은 기회가 왔다고 생각하고 돈의 사용법에 관해 대화를 나누어야 합니다.

세뱃돈은 한 해에 걸쳐 필요할 때 조금씩 쓰거나 원하는 물건을 사기 위해 저축해 두어야 하는 돈이라는 사실을 먼저 확실히 알려 주고, 받은 세뱃돈을 쓰는 방법에 대해 자녀와 이야기를 나누어 보세요. 이때 중요한 것은 결정이나 사용은 아이가 책임지게 하고 부모는 생각을 정리할 수 있게 지원하는 역할만 해야 한다는 점입니다. **불필요한 지출이라고 지나치게 제한할 필요는 없습니다.**

전액을 부모가 맡아 관리하는 분도 계실 텐데, 그럴 때는 전용 통을 준비하거나 아이의 은행 계좌에 입금해서 아이가 자기 눈으로 잔액을 확인할 수 있게 합니다. 왜냐하면 돈의 사용법을 고민하면서 **실제로 써 보는 경험이 돈에 대한 중요한 공부**가 되기 때문입니다.

다시 말해, '나누어 주는 일', '캡슐 장난감을 실컷 뽑는 일'과 같은 사건이 일어나면 그 실수는 분명 아이의 금전 감각을 키워 주는 계기가 됩니다.

아이에게 큰돈인 세뱃돈이 들어올 때, 또는 아이가 돈을 사용하는 데 있어서 실수를 저질렀을 때, 그 일을 계기로 돈의 사용법에 대해 대화를 나누어 봅시다. 중요한 것은 돈에 대해 소통을 하는 것입니다. 돈에 대해 소통하는 방법은 2장을 참고해 주세요.

◉ 질문2 ◉

아이가
"부자가 되려면
어떻게 하면 되나요?"라고 묻는다면
당신은 어떻게 답하시겠습니까?

아마도 다음과 같이 답하시는 분이 많으리라 생각합니다.

"좋은 대학을 나와서 유명한 회사에 취직하면 된단다." "열심히 공부해서 의사나 변호사를 목표로 해 봐." "사람들이 좋아할 만한 서비스를 연구하고 창업 해서 사장이 되면 되지." "프로 스포츠 선수가 되면 돈을 많이 벌 수 있을 거야."

어느 길이든 잘 풀리면 많은 수입을 얻게 됩니다. 하지만 돈을 많이 번다고 꼭 부자가 되지는 않습니다. 저는 지금까지 2만 명이 넘는 사람들의 가계 재무 상담을 해 왔습니다. 그중에는 세대의 연 수입이 1억 원, 2억 원이 넘는 부유한 가정도 적잖이 있었습니다. 그러나 연 수입이 그렇게 많은 '부자 수준'인데 저축이 전혀 없는 사람도 있었습니다. 반대로 연 수입은 적지만 착실하게 모으고 불려 부자가 된 사람도 있습니다.

한 걸음 한 걸음 부자에 가까워지는 사람과 연 수입은 충분한데 부자가 되지 못하는 사람, 당신은 두 부류의 차이가 어디에 있다고 생각하나요?

답은 **자기만의 돈에 대한 비전, 즉 '자기 기준'을 가지고 있는가, 그렇지 않은가**에 있습니다.

아무리 돈을 많이 버는 사람이라도 매달의 수입에는 한계가 있습니다. 지출 우선순위를 정하지 않고 '이것도 사고, 저것도 사고' 식으로 돈을 사용하면 아무리 돈이 많아도 순식간에 없어집니다.

세대 연 수입이 1억 3,000만 원인 A 부부의 예를 들어보겠습니다. 이 가정은 매달 수입이 760만 원 정도였습니다. 이는 정부 기관의 통계 평균 수입과 비교했을 때 30~40% 정도 많아, 수입만 보면 넉넉한 가정이라고 할 수 있습니다. 그러나 A 부부의 가계는 지출이 790만 원을 넘어 매달 30만 원 정도 적자가 납니다. 문제는 이것도 사고, 저것도 산다는 식으로 돈을 써 버리는 습관(자기 기준이 없음)에 있습니다.

## 아이가 돈에 관해 생각하게 되는 두 가지 질문

**돈에 대한 자기 기준은 '자신에게 가장 중요한 것'과 '자신이 원하는 삶의 방식'을 스스로 묻고 답하면서 우선순위를 확고하게 매겨야 보이기 시작합니다.** 어른이라도 이 물음에 바로 답할 수 있는 사람은 그리 많지 않다고 생각합니다. 하지만 흔들리지 않는 자기 기준을 정하면 수입의 많고 적음에 상관없이 돈을 모을 수 있고 건실한 투자에 자금을 돌릴 수 있게 되어 조금씩 부자에 가까워집니다. 자녀가 "부자가 되려면 어떻게 하면 되나요?"라고 묻는다면 "너에게 가장 중요한 것은 무엇이니?", "어떻게 살면 행복하다고 느낄 수 있을까?"와 같은 큰 주제의 질문을 던져 봅시다. 처음에는 어렵겠지만 그 질문을 계기로 아이는 나이에 맞게 자기 나름대로 '중요한 일', '행복하다고 느끼는 일'에 대해 생각해 보게 됩니다. 그런 방식으로 자신이 행복을 느끼는 기준이 만들어 지면 돈에 대한 자기 기준도 서서히 완성됩니다.

- 돈을 어떻게 쓰면 행복을 느낄까?
- 중요한 일을 실현하기 위해서 돈을 어떻게 늘려 갈까?

2장이나 3장에서 소개하는 돈 사용법이나 투자 지식을 재료로 부모와 자녀가 함께 자기 기준을 만들어 봅시다. 그 기준이 장래에 돈으로 어려움을 겪지 않는 아이의 인생을 만드는 길잡이가 될 것입니다.

## ◉ 질문3 ◉

아이가
"노후 자금 문제가 뭐예요?"
라고 묻는다면
당신은 어떻게 답하시겠습니까?

자녀가 인터넷이나 텔레비전 뉴스, 신문 기사 등에서 '노후 자금 문제'를 보고 질문한다면, 먼저 뉴스를 보고 그 기사를 눈여겨봤다는 점을 칭찬해 주세요. 가족이 모여 돈에 대해 대화를 나누는 일의 큰 장점 중 하나가 사회에 대한 관심이 높아진다는 데 있기 때문입니다.

- 내가 쓴 돈은 어디서 와서 어디로 가는 걸까?
- 사람들은 어떤 일을 하며 어느 정도의 돈을 벌까?
- 같은 목적의 상품인데 왜 가격이 비싼 것도 있고 싼 것도 있을까?
- 우리나라에서 멀리 떨어진 곳에서 일어난 사건이 왜 우리 동네 슈퍼마켓에서 파는 상품의 가격에 영향을 줄까?
- 노후에 돈이 많이 필요하다는 사실을 알고 왜 논란이 생겼을까?

만약, 위와 같이 자녀가 돈을 통해 우리 사회나 세계에서 일어나는 사건, 직접 본 뉴스에 대해 의문을 품고 고민한다면 훌륭하게 성장했다고 할 수 있습니다. 자녀와 함께 그 의문에 대해 생각해 보고 인생의 선배로서 의견을 주고받으며 대화한다면 당신의 지식 수준 역시 한 단계 올라설 것이며 폭넓은 사고를 할 수 있게 되겠지요.

## '돈'은 최고의 교재

질문으로 돌아가 봅시다. 다시 한번 생각해 보세요. 아이가 당신에게 "노후 자금 문제가 뭐예요?"라고 묻는다면 어떻게 답하시겠습니까?

사실 가계 재무 상담을 할 때 모든 세대가 공통으로 하는 이야기는 노후 자금에 대한 고민입니다. 20대나 30대 역시 '미래에 연금을 못 받게 되지는 않을지', '계속 임대 주택에 살다가 계약이 갱신되지 않아 살 곳이 없어지지는 않을지' 다양한 형태로 노후에 불안을 느낍니다. 이것은 제가 가계 재무 상담을 시작했던 20년 전에도 비슷했습니다.

그러므로 제가 "노후 자금 문제가 뭐예요?"라는 질문을 받는다면 "앞이 보이지 않는 불안이지"라고 대답할 것입니다. 나이에 따라 다르겠지만, 아마 아이들은 '앞이 보이지 않는 불안'이라는 말을 들어도 무슨 뜻인지 잘 알아듣지 못하겠지요. 그러면 이야기를 조금 돌려

"노후란 언제부터일까?", "노후 자금은 얼마나 필요할까"라고 물어보고 의견을 나누어도 좋습니다. 이야기하다 보면 노후의 시작 시기나 노후 자금으로 필요한 액수가 개인에 따라 다르다는 사실을 알게 되겠지요.

모든 사람의 노후 자금은 사람마다 다를 수 있습니다. 불안에 대처할 때는 원인을 모르는 채로 두지 말고 자신에게 맞는 형태로 '가시화'하는 것이 중요합니다. 필요한 노후 자금은 간단한 계산으로 끌어낼 수 있습니다. 만약 그 금액이 3억이라고 한다면 다음은 그 돈을 어떻게 준비할지 생각해야 합니다.

뭔가 문제가 있다 해도 그것을 가시화하면 해결책을 세울 수 있습니다. 만약 아이가 "내가 돈을 모을 수 있을까요?"라고 묻는다면 아이에게는 '시간'이라는 큰 무기가 있다는 사실을 알려주고 안심시켜주세요(이것에 대해서는 3장에서 자세하게 설명합니다).

'돈'에 관한 뉴스는 사회에 대해 배우고 더 잘 살아가기 위해 지식을 늘리는 최적의 교재이기도 합니다.

◉ **질문4** ◉

## 당신은 배우자나 가족과 가정 경제에 대해 의논하고 있습니까?

저는 가계 재무 상담을 할 때 결혼했거나 자녀가 있는 사람에게는 꼭 "배우자나 아이들과 돈에 관해 대화를 하고 있습니까?"라는 질문을 합니다. 가족과 함께 돈을 잘 사용하려면 대화가 매우 중요하기 때문입니다.

부부가 맞벌이로 수입이 충분한데도 '가계가 적자'이거나 '저축이 안 되는' 경우 높은 확률로 부부가 각각의 지갑을 가지고 생활합니다. 집세는 남편이, 식비는 아내가 담당하는 식으로 자연스럽게 분담하고 그 외의 수입은 각자가 관리합니다. 저축에 관해서는 아마 저 사람이 모으고 있지 않을까'라며 배우자에게 맡겨 버립니다.

얼핏 보면 서로의 일과 수입을 존중하는 생활 방식으로 보일 수도 있지만, 실제로는 지출이 보이지 않아 낭비가 늘어날 수밖에 없습니다.

"배우자의 수입에 관해서는 물어보기가 어려워요", "내가 번 돈은 스스로 관리하고 싶은데 상대도 비슷하게 생각할 것 같아요" 이렇게 마음을 쓰고 배려해서 돈에 관한 이야기는 하지 않습니다. 그러나 어느 정도 그런 시기를 지내다가 아이가 생기면 마음이 바뀌어 "배우자의 수입을 아직도 몰라요", "가계를 합치면 좋겠다고 생각해서 이야기했는데 협조하지 않아요"라며 고충을 토로하는 분이 적지 않습니다.

## 돈에 관한 이야기는 회피하지 않나요?

부부가 재산을 따로 관리하면 아무래도 가치관을 공유하기 어렵습니다. 팀으로 일하는 경우를 떠올려 보세요. 나아가야 할 방향이나 완수해야 할 일을 공유하지 않으면 사소한 오차가 계속 누적되어 프로젝트가 제대로 진행되지 않습니다. 가정 경제도 마찬가지입니다.

- 장래에 아이를 유학 보내고 싶다.
- 노후를 안심하고 보낼 수 있을 만큼 저축을 마련해 두고 싶다.
- 내 집을 갖고 싶다.

이렇게 장래를 바라보는 생각이 있다면 가족과 공유하고 실현을 위해 계획을 세워야 합니다. 그때 꼭 필요한 것이 돈에 관한 대화입니다. 지금 어느 정도의 저축이 있는지, 잠자는 자금은 없는지, 매달 수입과 지출은 어느 정도인지에 대해 배우자나 자녀들과 대화할 기회를 만들어 보세요.

2장에서 소개하겠지만 우리 집에서는 가계 재무 상황을 모두 공개하는 '가족 재정 회의'를 한 달에 한 번 주기로 열고 있습니다. 저의 벌이나 아내의 저축, 매달의 수입과 지출, 아이들의 용돈을 올릴지 말지에 대한 교섭, 새로운 가전제품을 살지 말지에 대한 의논까지 모두 투명하게 진행합니다. 다 같이 돈에 대해 있는 그대로의 이야기를 합니다.

어린아이들은 자유로운 발상으로 돈의 사용법을 이야기하는데, 성장하면서 '사도 될 물건, 사지 않을 물건'을 판단하는 힘도 함께 자라는 게 보입니다. 그런 모습은 우리 어른에게도 좋은 공부의 기회가 됩니다.

생활에 떼려야 뗄 수 없는 돈에 관한 대화는 가족의 가치관이나 장래를 위한 자금 계획을 공유하는 데에 중요한 역할을 할 뿐만 아니라 아이들의 금전 감각을 키워 주기도 합니다. 물론 갑자기 전부를 공개하라고 하면 거부감을 느끼는 분도 많겠지요. 하지만 가능한 범위 안에서 돈을 주제로 대화하는 기회를 만들어 보세요. 당신과 자녀 모두 돈에 관한 인식이 바뀔 것입니다.

◉ 질문5 ◉

## 당신은
## 투자 경험이
## 있습니까?

투자에는 유행이 있습니다. 한번은 가계 재무 상담을 하러 온 30대 여성이 첫 투자로 '비트코인'을 사서 뼈아프게 실패한 경험을 이야기해 주었습니다.

비트코인과 같은 가상 화폐는 2017년부터 2018년에 걸쳐 갑자기 성행했습니다. 1년 동안 20배 이상 가격이 뛰어 수억 원의 운용 이익을 손에 넣은 개인투자가가 생겨나고 미디어의 주목을 받았습니다.

상담하러 온 여성은 가상 화폐 붐이 과열되던 시기에 투자를 시작해 보겠다고 마음먹고 화제가 되었던 비트코인에 저축한 돈을 투자하기 시작했습니다.

처음 투자액은 수만 원 정도였습니다. 비트코인은 가격이 계속 상승했고 그녀는 손쉽게 수천만 원의 운용 이익을 얻었습니다. 이 일로 '돈을 불리는 것은 의외로 간단'하다는 감각을 가지게 된 그녀는 본격적으로 적금을 깨서 비트코인을 사 모았습니다. 그런데

1,000만 원을 넘게 투자한 상황에서 가상 화폐 버블이 붕괴했습니다. 그녀는 볼 때마다 커지는 손실 액수에 놀라며 서둘러 비트코인을 매각했습니다. 첫 번째 투자는 500만 원에 가까운 손실을 내고 끝났습니다.

가상 화폐는 수요가 많아지면 가격이 오르고 수요가 적어지면 가격이 내려가는 구조로 되어 있습니다. 예를 들어 가상 화폐를 10만 원에 샀는데 수요가 높아져 20배인 200만 원으로 가격이 오르면 190만 원을 벌게 되는 것이지요. 그러나 계속해서 가격이 상승한다는 보장은 당연히 없고, 때에 따라서는 반값 이하로 떨어지기도 합니다.

FX(Foreign Exchange: 외환 거래, 다른 나라의 통화를 사고팔아 차익을 노리는 것- 옮긴이 주)도 그렇지만, 이렇게 단기간에 크게 가격이 변동하여 순간적인 이익을 노리는 하이 리스크, 하이 리턴 투자를 저는 투기라고 생각합니다.

## 수확은 10년, 20년 뒤

이 책은 저축부터 시작해서 한 걸음씩 나아가는 투자를 권장하는 내용으로 구성되어 있습니다. 다만, 여기서 추천하는 '투자'에는 다음과 같은 정의가 있습니다. 당신이 지금까지 투자를 경험해 보았든, 그렇지 않든 다음 세 가지를 염두에 두고 아이와 함께 투자를 배워 보세요.

- 가계 저축의 연장선 위에 있을 것.
- 투기성 투자가 아닐 것.
- 짧아도 10년 이상으로 생각하는 장기 적립투자일 것.

투자를 시작하기 전에 만일의 경우를 위한 '생활 방어 자금'을 포함해 아무리 적어도 월수입의 7.5개월분 정도의 저축을 만들어 두세요. 그리고 투자 금액은 생활비와 저축을 병행할 수 있는 범위로 하고, 리스크가 적은 투자 대상을 선택합니다. 꾸준히 적립하여 시간을 들여 키워 나간다고 생각하면 됩니다.

로우 리스크, 로우 리턴인 투자를 실제로 체험하면 투자 상품의 특성이나 매도 시기, 매입 시기, 투자에 관한 리스크 등 다양한 사항들을 배울 수 있습니다. **그리고 무엇보다 아이들의 무기인 '시간'을 이용하여 10년, 20년, 30년이라는 장기 적립 투자 중에서 적절한 상품을 선택하면 거의 확실히 성과를 낼 수 있을 것입니다.**

자녀와 함께 투자로 돈을 불리는 경험을 직접 해 보세요.

### ◉ 질문6 ◉

### 돈과 관련하여 성공하거나 실패한 경험이 있습니까?

과거에 돈을 쓰던 습관을 되짚어 보면 '좋은 방법이었다' 또는 '돌아보니 정말 낭비였다' 이런 식으로 스스로 평가를 해 본 경험이 조금은 있을 것입니다. 그 예로 처음에 소개했던 막내딸이 세뱃돈을 친구에게 나누어 준 사건을 들 수 있겠지요. 아이는 그 일이 일어났던 당시에도 반성하긴 했지만, 성장하는 사이에 다시 그 일을 떠올리며 혼자 깨달은 바가 분명히 있었을 것입니다.

그와 비슷한 사소한 실수를 거듭하면서 성장한 첫째 딸이 동일본 대지진이 일어난 뒤, 가족 재정 회의 자리에서 "피해 지역에 기부하자"라고 제안한 적이 있습니다. 저는 그때 딸의 그 말이 기특하기도 하고 아내와 저의 양육, 돈에 대한 교육이 잘못되지 않았음을 알게 되어 무척 기뻤습니다. 저에게는 큰 성공 경험이지요. 저희는 투자든 일상적인 지출이든 몇 번에 걸쳐 성공과 실패를 반복하며 돈을 '잘' 쓰는 법을 가르칩니다. 부모가 보기에 분명히 아이가 잘못된 소비를 하고 있다는 생각이 들게 돈을 쓰는 경우도 있습니다. 그러면

화가 나서 "그렇게 쓸 거면 다음 달부터는 용돈을 안 줄 거야!"라며 야단치는 분도 계시지요. 그러나 아이는 실수가 아니라 사고 싶어서 샀으니 제대로 사용했다고 생각할지도 모릅니다.

그래서 저희 부부는 아이가 낭비한다는 생각이 들면 시간이 조금 흐르기를 기다렸다가 "저번에 샀던 그 물건 잘 사용하고 있니?" 또는 "용돈을 받자마자 과자 사는 데 다 쓰는 것 같던데 이번 달에 부족하지 않니?" 이렇게 물어봅니다. 써 버린 돈에 대해 직접 돌아보고 스스로 옳고 그름을 깨닫기를 바라기 때문입니다. 이런 과정을 반복하다 보면 차츰 '자기 기준'이 만들어집니다.

## '돈을 어떻게 쓸 것인가'는 '어떻게 살 것인가'와 같은 말이다

2장에서 돈 사용법에 대해 함께 고민하고, 4장에서 사회와 돈의 관계에 대한 지식을 쌓아 가는 동안 '돈에 대한 가치관' 이야기도 자연히 나올 것입니다. 이 돈에 대한 가치관이야말로 아이가 만들어나갈 자기 기준의 토대가 됩니다. 어떻게 돈을 썼을 때 '알차게 썼다'라고 생각할 수 있을까요? 알차게 썼다고 생각하는 횟수가 많아지면 돈을 제대로 쓰는 사람이 되었다 할 수 있겠지요.

자기 기준이 없으면 주변 분위기에 휩쓸려 돈을 써 버리게 되고, 정신을 차려 보면 이미 남은 돈이 없는 상황이 자주 생깁니다. '어쩌다 보니', '값이 싸길래', '친구도 샀길래' 이런 식으로 목적 없이 돈을 써 버리는 사람에게는 돈이 모이지 않습니다. 돈을 사용하는 방법에 자기만의 원칙이나 목표가 없으니 특별한 목적 없이 돈을 써 버립니다. 반대로 의미가 있는 물건이나 행복을 위한 물건에 돈을 써야겠다고 생각하는 사람에게는 돈이 모입니다. 돈을 쓸 때 '이것이 정말 필요한 물건일까?', '나에게 꼭 필요한 서비스일까?'를 스스로 물어보고 답하는 습관을 들여야 합니다.

이렇게 일상에서 일어나는 작은 실수 경험이나 성공 경험을 발판 삼아 당신과 자녀들만의 돈에 대한 기준을 만들어 봅시다.

# 2장

## 부자 아이로 키우는 경제 습관 잡아 주기

# 아이의 성장을 위한 용돈 주는 방법

당신의 가정에서는 아이에게 용돈을 줄 때, 어떤 방식을 이용하나요? 가계 상담을 위해 찾아온 고객들이나 세미나에 참석하는 분들, 학교에서 만나는 부모님들의 이야기를 들어보면 크게 다음 세 가지 유형으로 나눌 수 있습니다.

- 매달(또는 매주) 일정 금액을 주는 정액 용돈 방식.
- 필요할 때마다 주는 일시금 방식.
- 집안일을 도와줄 때 주는 보수 방식.

우리 집에서는 초등학교 3학년부터 고등학교를 졸업할 때까지 매달 일정 금액을 주는 정액 용돈 방식을 시행합니다. 금액은 학년에 따라 다른데, 한 달에 한 번 정해진 용돈을 주고 본인이 관리해 자유롭게 꾸리도록 합니다. 만약 동아리 활동에 필요한 준비물이나 꼭 갖고 싶은 생활용품, 가족이 함께 쓰면 생활에 도움이 되겠다 싶은 물건 등을 사고자 할 때는 한 달에 한 번 열리는 가족 재정 회의에서 각자 계획서를 발표합니다. 가족 모두가 인정하면 가계 경비를 지출해 사기로 하지요.

금융 자산 관리사인 저희 부부는 '용돈을 받는 기간은 돈 쓰는 방법을 배우는 훈련의 시간'이라고 생각하기 때문에 정액 용돈 방식으로 아이들에게 용돈을 줍니다. **이 시기에는 자기가 가진 돈을 보면서 사용 방법을 스스로 생각하는 것이 가장 중요합니다.** 매달 정해진 금액대로 용돈을 주면 계획적으로 돈을 쓰는 훈련을 할 수 있지요.

그렇다 해도 실제로 아이들이 돈의 가치를 제대로 이해하기 시작하려면 열 살 정도가 되어야 합니다. 더구나 개인차도 있습니다. 저희 딸은 초등학교 4학년 때 용돈으로 5,000원을 받아 그날 바로 물건을 사는 데 전부 다 써 버린 적이 있습니다. 그 뒤 외출할 때마다 100원짜리 과자 하나 살 수 없다는 사실에 속상해하기도 했지요.

돈의 가치를 점차 알아가긴 하지만 당장의 '갖고 싶어!'라는 욕구를 이기지 못해 계획적으로 쓰지 못할 때도 있다는 말입니다. 하지만 시행착오를 겪으면서 '한 번에 다 써 버리면 나중에 어려워진다'라는 교훈을 얻고 다음 달부터는 참으려고 노력하게 되지요.

최근에는 IC 교통카드가 보급됨에 따라 아이들도 전자 결제로 돈을 내는 경우가 늘고 있습니다. 이런 결제 수단이 없던 시대에 자란 우리는 '충전해서 쓰니 결국 현금을 사용하는 것과 같다'라는 자각이 있지만, 아이들도 그렇게 받아들이는지는 모르겠습니다.

이런 시대이기에 더욱 어릴 때부터 현금을 사용하는 감각을 배울 필요가 있습니다. 어른도 마찬가지이지만 손에 쥐고 있는 **'진짜 돈'이 아니면 자기도 모르게 낭비하게 되기** 때문입니다.

## '일시금 방식'과 '보수 방식'을 권하지 않는 이유

'돈이라는 실감'이 없기 때문에 저는 필요할 때마다 돈을 주는 일시금 방식을 그다지 권하지 않습니다. 부모가 자녀의 돈 사용을 확실하게 관리하지 않으면 그것이 '꼭 필요한 지출'이었는지 명확하지 않고, 아이에게는 '말만 하면 돈이 나온다', '달라고 하면 되지'라는 생각을 가지게 하기 때문입니다.

전업주부를 대상으로 가계 재무 상담을 하면 "저는 전업주부이고 벌이가 많지 않기 때문에 용돈을 따로 받지 않아요"라는 이야기를 자주 듣습니다. 하지만 자세히 파고들어 확인해 보면 슈퍼마켓에서 장을 보거나 할 때 가계 경비에서 자유롭게 사용하는 경우가 많습니다.

용돈이라 생각하고 계산해 보면 수십만 원에 달하지요. 하지만 본인은 별도의 용돈 없이 아등바등 절약한다는 느낌으로 살아갑니다. 아이에게 주는 일시금 역시 이와 비슷한 착각을 일으킬 가능성이 있습니다.

집안일을 도울 때 보상으로 돈을 주는 보수 방식은 장점과 단점 양면이 있습니다. 돈은 노동의 대가라는 원칙을 배우기에는 적합할 수도 있지만, 일상적으로 함께 해야 할 집안일까지 돈을 엮어 생각하는 것이 올바른 부모와 자녀의 관계라고 할 수 있을지 고민하게 되지요. **부모가 보기에는 '당연히 거들어야 한다'라고 여길만한 일을 아이는 '대가를 받지 못한다면 하지 않겠다'라고 생각할 수도 있습니다.** 다만, 심리적 저항을 느끼지만 않는다면 도입해 보아도 나쁘지 않습니다. 욕실 청소는 얼마, 식사 후 설거지는 얼마, 반려견 산책은 얼마, 시험에서 만점을 받으면 얼마, 정해진 규칙을 잘 지키면 얼마, 이렇게 구체적으로 설정해 놓고 차곡차곡 모아갑니다. 또는, 정액으로 주는 용돈을 약간 부족하게 하고 일부를 집안일 도움에 대한 보수로 채우는 조합도 있습니다.

자녀의 돈 관리 능력은 향상되겠지만, 제 개인적인 생각으로는 용돈은 용돈대로 주고 집안일을 도울 때는 '고마워'라는 인사로 끝내는 편이 좋을 듯합니다.

### '뭘 갖고 싶니'보다 '뭐가 필요하니'

돈은 우리가 태어나는 순간부터 평생 함께 지내야 할 존재이며 인생의 행복도를 크게 좌우합니다.

아이들에게 처음으로 돈의 사용법에 대해 생각할 기회를 주는 것이 용돈입니다. 우리 집에서는 초등학교 3학년부터 6,000원으로 시작하여 초등학교를 졸업할 때까지는 한 해에 1,000원씩 인상하는 방식으로 용돈을 줍니다. 용돈을 받기 시작하는 나이를 정한 데에 특별한 근거가 있는 것은 아니고, 첫째 때 했던 대로 유지하고 있습니다. 다만, 다섯째 딸은 7,000원부터 시작했습니다. 그 아이가 가족 재정 회의에서 '사고 싶은 월간 만화 잡지가 5,000원이라 용돈 인상이 필요하다'라는 의견을 내놓아 승인을 받았기 때문입니다. 만화 잡지를 사면 남는 돈이 2,000원뿐이긴 하지만 학용품 등 학교생활에 필요한 물건은 가계 경비에서 지출하게 되어 있으니 잔액 2,000원으로도 괜찮다며 수긍했지요. 그렇다고 해도 용돈이 부족한 상황은 발생합니다. 그럴 때 아이들은 '연간 용돈 보전 비용'을 사용합니다.

연간 용돈 보전 비용이란 세뱃돈에서 일부는 저금하고 일부를 따로 떼 놓은 것으로 용돈이 부족한 달을 메꾸거나 매달 용돈으로는 살 수 없는 물건을 사는 데 씁니다. 초등학생에서 중학생까지는 물건을 살 때 아내나 나에게 '무엇을 사겠다'라고 신고하는 것이 규칙입니다.

그러면 아이들이 산 물건을 잘 사용하는지 가만히 지켜보다가 "요즘 사용하지 않는 것 같은데 소중하게 여기고 있니?", "잘 샀다고 생각하니?", "꺼내 놓기만 하고 정리는 하지 않는 거니?" 같은 질문을 던져 스스로 돈의 쓰임을 돌아볼 수 있게 해 줍니다. 소중하게 여기고 있지 않다면 '낭비했다'라고 반성하고 다음 소비에 반영할 수 있겠지요. 모든 물건에 관해 물어볼 필요는 없지만, **본인의 의지로 사**

들인 물건에 대해 '어땠니?'라고 묻고 돈을 쓰는 법을 의식하도록 도와주세요.

정액으로 용돈을 주기 시작하면서 부모는 '바로 다 써 버리는 건 아닐까' 하는 생각에 불안해집니다. 그러나 저는 그래도 괜찮다고 생각합니다.

처음에는 용돈을 받은 그날 전부 써 버리는 실수를 하더라도 부모가 원하는 물건을 쉽게 사 주지 않는다는 것을 알면 돈을 계획적으로 쓰는 법을 배웁니다. 또 '이 물건은 내가 정말 원하는 물건인가?'라고 어른스럽게 고민해 보기도 하지요. '갖고 싶다'라는 원츠(Wants)의 이유를 파고들어 보면 더 본질적인 니즈(Needs)가 드러납니다. 예를 들면, '친구와 패스트푸드점에 가고 싶다'라는 생각이 들었을 때, 진짜 니즈는 '친구와 함께 시간을 보내고 싶다'라는 사실을 깨닫는다면 '집으로 함께 오라고 하면 돈을 안 써도 되겠다'라고 생각할 수 있고 그에 따라 행동이 바뀝니다.

용돈을 계산하고 관리하면서 돈의 사용법을 고민해 보는 일은 아이의 금전 감각을 키우는 데 매우 중요한 학습과 체험입니다. 이러한 금전 감각 교육은 사회에 진출하기 위한 준비 과정입니다. 우리는 앞으로도 계속해서 돈을 사용하면서 살아가야 하기 때문입니다.

# '돈에 관한 실수'는 빠를수록 좋다

돈에 관한 실수라면 당신은 어떤 일이 떠오르나요?

- 지갑을 잃어버렸다.
- 카드론으로 대출을 받았다.
- 후회할 정도로 돈을 막 써버렸다.
- 친구와 금전 거래를 해서 친구와 관계가 어색해졌다.
- 후배에게 밥을 너무 자주 샀다.
- 투자했던 주식이 폭락했다.

사소한 실수부터 심각한 사고까지 사람마다 다양하겠지요. 저 역시 돈에 관한 실수를 여러 번 저질렀습니다. 젊은 시절에 아르바이트로 번 돈을 거의 다 도박 게임에 쏟아부어 2~3일 만에 전액을 날리는 말도 안 되는 낭비를 몇 번이나 했고, 사회인이 되고 독립해서도 빚에 시달린 경험이 있습니다.

그렇게 젊은 시절에 겪었던 돈에 관한 실수에 대해 저는 '경험해 봐서 다행이다'라고 진심으로 생각합니다. 그 이유는 두 가지입니다. 한 가지는 실수를 저질렀기에 '내가 무슨 짓을 한 거지?'라며 정신이 들었고 어리석은 자신을 깨달았기 때문입니다. 또 한 가지는 남의 실수를 무조건 혼내거나 부정하지 않게 되었기 때문입니다.

자신의 어리석은 모습을 깨닫고 사람은 실수할 수도 있는 존재라는 사실을 직접 겪어서 알기에 돈에 대해 단순하게 이상적으로만 이야기하지 않습니다. 가계가 적자가 났다는 사실을 무조건 나쁘게 판단하지도 않습니다. 그 마음을 잘 알기 때문이지요. 그러기에 어떻게 그 상황을 개선하면 좋을지 함께 생각해 줄 수 있습니다. **돈에 관한 실수를 한 뒤에 가장 중요한 것은 '반복'을 하는가 그렇지 않은가입니다.**

실수해도 괜찮습니다. 그다음에 '이 실수를 딛고 어떻게 하면 될까?'를 생각할 수 있다면 아무 문제도 없습니다. 아이들의 금전 감각 교육에서도 마찬가지입니다.

## 인생에서 처음으로 만져 보는 '큰돈'은 세뱃돈

아이들이 돈에 관한 실수를 할 때마다 저는 내심 '잘됐다'라고 생각합니다.

1장에서 소개한 '세뱃돈을 나누어 준 사건'에서는 초등학교 2학년이었던 딸 아이가 '나누어 주면 친구들이 좋아해서'라는 이유로 세뱃돈 8만 원을 친구 8명에게 나누어 주었지요. 매달 용돈이 6,000원인데 8만 원이라는 큰돈이 들어오자 대담해진 데다 친구에게 잘 보이고 싶다는 마음도 있었을 것입니다.

결국 돈은 친구들의 부모님이 돌려주러 오셔서 해결되었습니다. 아이는 1만 원이면 물건을 얼마나 살 수 있는지를 생각해 보고 '잘못을 저질렀구나', '실수했다'라고 반성하며 눈물을 보였습니다.

저희 부부도 엄하게 혼내긴 했지만 짧게 끝냈습니다. 길게 몰아세우기보다는 단호하게 "잘못된 방법이야"라고 꾸짖고, 돈을 나누어 주면 왜 안 되는지를 스스로 생각해 보게 했지요.

아이뿐만 아니라 어른도 마찬가지입니다. '무엇이 잘못되었는지'를 되짚어보는 것이 중요합니다. 많은 가정에서 아이들은 세뱃돈을 받아 처음으로 '큰돈'을 가지게 됩니다. 너무 많은 현금을 가지면 그만큼 돈 관리에 실수할 확률도 높아집니다. 부모가 굳이 '돈 관리 교육의 일환으로 일부러 실수 경험을 쌓게 하자'라는 생각으로 애쓰지 않아도 어느 정도 자유롭게 돈을 쓰게 두면 아이들은 자연스레 실수를 하게 됩니다. 그리고 그 실수가 교훈이 되어 깨달음도 얻지요.

- 들떠서 너무 많이 써 버리면 나중에 힘들어진다.
- 필요 없는 물건은 사 봤자 금세 질려서 사용하지 않게 된다.
- 돈은 써 버리면 없어지고 쉽게 다시 가질 수 없다.

물론 어린 시절에 저지르는 돈 관리 실수는 한 번으로 끝나지 않습니다. 몇 번이고 반복해서 실수하면서 점차 돈을 쓰는 법을 배워 나간답니다.

### 용돈을 미리 당겨서 주는 것은 NG

돈 관리 실수는 매달 받는 용돈에서도 발생합니다.

저희 딸이 초등학교 3학년 때, 친구끼리 생일 선물을 교환하기로 한 적이 있습니다. 딸은 친구가 좋아하는 모습을 생각하며 열심히 선물을 골라 계산대로 가지고 갔지요. 그런데 그 물건의 가격은 한 달 용돈이었던 6,000원보다 비싼 금액이었습니다.

돈이 부족했기 때문에 당연히 그 물건을 살 수는 없었습니다. 옛날 동네 구멍가게였다면 주인아주머니나 아저씨가 적당히 깎아 주거나 나중에 부모인 우리에게 알려 주거나 해서 어떻게든 물건을 사게 했을지도 모르겠네요. 하지만 그날 딸은 돈이 부족했기 때문에 선물을 사지 못하고 돌아왔습니다. 부모로서 도와줄 수도 있는 상황이었지만, 우리는 한 달에 한 번 이상은 절대 용돈을 주지 않기로 미리 정해 두었습니다. 물론 용돈을 앞당겨 주는 것도 금지입니다.

아이는 결국 세뱃돈을 쪼개어 비축해 두었던 연간 용돈 보전 비용에서 선물을 샀습니다. 계산대 앞에서 당황했던 경험을 통해 자기가 가진 돈을 계획성 있게 잘 써야 한다는 깨달음을 얻었지요.

계획성 있는 용돈 관리에 실패하면 다음 달 용돈 받는 날까지 견뎌야 합니다. 여덟아홉 살부터 이 규칙을 알고는 있었지만, 고학년이 되면 친구와 교류가 많아져 관리가 어렵게 됩니다.

축제나 행사에 참여하면 분위기에 휩쓸려 용돈을 한 번에 다 써 버리는 실수를 저지르기도 하지요. 돈을 계획성 있게 관리해야 한다는 사실을 알고는 있지만, 생각대로 잘 되지는 않습니다. 그런 상황은 아마 어른도 이해할 수 있을 것입니다.

실수가 있었다면 반성하고 다음에 그러지 않도록 노력하면 됩니다. **아무리 나이가 들어도 돈 관리에 실수 없이 완벽해질 수는 없으므로 계속해서 배우고 깨달아 가야 하겠지요.**

# '니즈'와 '원츠'의 필터에 거른다

서양에서는 아이에게 돈에 관한 교육을 할 때, 먼저 '그 물건은 필요한 것이니, 아니면 갖고 싶은 것이니?'라고 물어본다고 합니다.

- 필요한 것 = 니즈(Needs)
- 갖고 싶은 것 = 원츠(Wants)

돈을 사용하기 전에 스스로 자신에게 '필요해서 사는지' 아니면 '그냥 갖고 싶어서 사는지'를 물어보면 어른들 역시 깜짝 놀랄 때가 있습니다. 사실 어른은 어린이 이상으로 '그냥 갖고 싶다'를 '필요하다'로 바꿔치기하는 능력이 뛰어나기 때문입니다.

예를 들어 볼까요. 우리 집에는 근사한 DSLR 카메라가 있습니다. "가족의 사진을 예쁘게 찍을 수 있다", "성장 기록을 남길 수 있다"라고 필요성을 강조하며 사들였는데 실제로는 1년에 한두 번 사용합니다. 구매 후 반년 정도 지나니 필요해서 산 것이 아니라 그저 갖고 싶어서 샀음이 명백해졌고 가족 재정 회의에서 딸들에게 그 점을 지적받았습니다.

분명, 비슷한 경험이 다들 있으시겠지요. 자신의 니즈와 원츠를 객관화하여 냉정하게 판단하는 것은 어른에게도 어려운 일입니다. 그러나 낭비가 많고 저축이 안 된다고 고민하는 분의 가계를 살펴보면 원츠에 휩쓸려 돈을 써 버리는 경우가 눈에 띄게 많은 것도 사실입니다.

그래서 저는 저의 실수 경험을 반성하는 의미도 담아 아이들에게 "용돈을 받으면 어디에 쓸 거야?" 하고 물어봅니다. 그러면 아이들은 갖고 싶은 물건을 끝도 없이 이야기합니다. 과자를 사고, 캡슐 장난감 뽑기도 하고, 읽고 있는 연재 만화책의 다음 편도 보고, 친구와 모으고 있는 트레이딩 카드(수집·감상용 카드)도 사서 채워 넣고……(이런 어른도 있지요).

갖고 싶다고 하나하나 사다 보면 용돈은 순식간에 없어집니다. 용돈을 다 쓰고 나서 꼭 필요하면서도 갖고 싶은 물건이 생기면 어떻게 해야 할까요? 용돈을 미리 당겨 받을 수는 없기 때문에 돈을 구하려면 연간 용돈 보전 비용을 쪼개는 수밖에 없습니다.

최근에 우리 집에서는 이런 거래가 있었습니다. 초등학생인 딸이

"타피오카 음료를 사고 싶어요. 하지만 이번 달은 이미 잡지를 샀기 때문에 여윳돈이 남아 있지 않아요. 세뱃돈 중 사용하지 않은 부분에서 빼 써도 될까요?"라며 아내에게 허락을 구했습니다. 아내는 그 자리에서 바로 허락을 할지 말지 결정을 내리지 않고 집에 있던 언니들을 모아 미니 가족 재정 회의를 개최했습니다. 그러자 언니들은 다음과 같은 의견들을 내놓았습니다.

"용돈이 6,000원인데 5,000원이나 하는 타피오카 음료를 마셔도 되는 걸까?" "꼭 필요하니?" "혹시 산다면 어디 할인권은 없니?" "정말 그렇게 마시고 싶으면 언니가 사 줄까?"(그것은 치사하다는 반론도 있었지요.)

중요한 사실은 언니들과 이야기를 주고받는 동안 초등학생인 딸이 '꼭 필요한가?' 아니면 '그냥 한번 마셔 보고 싶었던 것인가?' 이렇게 니즈와 원츠를 고민해 보았다는 점입니다.

돈을 이렇게 써 버리면 연간 용돈 보전 비용도 곧 없어진다고 알려 줍니다. 그래도 꼭 타피오카 음료를 먹겠다고 한다면 그 결정도 인정해 줍니다. 판단을 맡긴 이상, 부모가 부정적으로 판단해서 막을 필요는 없습니다.

아이들은 온갖 방법으로 원츠를 니즈라고 설명하려 하겠지요. 그러나 돈에 관한 실수는 빨리해 보는 편이 좋다는 말은 여기서도 똑같이 적용됩니다. **돈을 쓰더라도 제대로 후회하고 반성한다면 아깝지 않은 수업료가 될 것입니다.**

## '갖고 싶은 것'은 '필요한 것'을 채우고 나서

경험에 따르면 아이들이 니즈와 원츠의 차이를 깨닫고 조금씩 이해하는 나이는 초등학교 3~4학년 정도부터라고 생각합니다. "아이스크림을 먹고 싶은데 편의점에서 사면 1,300원이야. 하지만 집 근처 슈퍼마켓에서 사면 900원이지. 지금 먹든 집에 가서 먹든 똑같으니 집 근처 슈퍼마켓에서 사야겠다." 이런 이야기가 자연스럽게 나오지요.

여기서 사는 것보다 다른 곳에서 사는 편이 싸다, 사실 돈을 내고 살 만큼 꼭 필요하지도 않다, 이런 구별을 할 수 있다는 말은 스스로 니즈와 원츠라는 기준에 맞추어 자문자답하고 있다는 뜻입니다.

저는 "용돈을 받으면 어디에 쓸 거야?"라는 질문을 하면서 '갖고 싶은 물건 목록'을 만드는 방법을 가르치며 아이들을 지도합니다. 갖고 싶은 물건 목록을 만드는 방법은 간단합니다.

1. 용돈을 받은 시점에 갖고 싶은 물건을 하나하나 써 본다.
2. 가게에 가 보거나 광고지, 인터넷을 이용하여 가격을 알아본다.
3. 니즈와 원츠를 잘 고려하여 사고 싶은 순서를 정한다.

가장 사고 싶은 상품이 3,000원일 때 6,000원의 용돈에서 빼면 3,000원이 남습니다. 이렇게 '가시화'하면 두 번째와 세 번째로 갖고 싶은 물건을 살 수 있는지 바로 알 수 있을 뿐만 아니라 정말 자신에게 필요한 물건이 무엇인지 깨닫고 거기에 돈을 쓰게 됩니다. 이런 훈련을 반복하면 아이들의 금전 감각은 정교해집니다.

며칠 전 주말에 가족이 다 함께 슈퍼마켓에 갔을 때, 우연히 아이스크림 가게가 보였습니다. 저는 '가끔은 괜찮겠지'라고 생각하여 가족 8명분의 아이스크림을 사자고 제안하였습니다. 8개에 2만 원이었지요. 회사에 들어간 지 얼마 안 된 큰딸이 마침 휴일이라 함께 장을 보았는데 제 말을 듣고 이렇게 말했습니다. "저 아래 슈퍼마켓에는 컵 아이스크림이 1,000원 정도던데, 거기서 사 먹는 게 좋지 않을까요?" 무심코 원츠로 소비할 뻔하다가 아이에게 지적을 받은 일이었습니다.

**'갖고 싶다'라는 생각만으로 물건을 사면 정작 살아가는 데 꼭 필요한 물건은 손에 넣지 못한 채로 수중에 돈이 없어지고 생활에 어려움을 겪게 될 수도 있습니다.**

수입에는 한계가 있으므로 우선은 필요한 것을 마련하고 나서 '갖고 싶은' 것을 충족하도록 하세요. 지출에서 니즈로 우선순위를 정하고 그 순서대로 돈을 쓰면 낭비 없이 효율적으로 돈을 쓸 수 있습니다.

# 소비, 낭비, 투자로 나누는
# '가계 삼분법'

저는 가계 재무 상담을 할 때 고객에게 '가계의 삼분법'을 꼭 알려 줍니다. 돈을 쓸 때 용도를 '소비', '낭비', '투자' 세 분류로 계속 나누 어 보면서 그 의미를 생각하는 훈련입니다.

소비 - 살아가기 위해, 생활하기 위해 반드시 해야 하는 지출로 식비, 집세, 수도 광열비, 교통비, 통신 이용 요금 등에 해당합니다.

낭비 - 필요 없는 곳에 써 버리는 돈을 말합니다. 도박이나 과도한 기호품, 대출 이자, 불필요하게 새는 수수료나 연회비 등이 해당됩니다.

투자 - 자신에게 다시 돌아오는 지출입니다. 직업상 일의 영역을 넓히기 위한 통신 교육비, 서적이나 참고서 대금, 세미나 참가비 등 자신의 장래에 도움이 될만한 일에 쓰는 비용을 뜻합니다. 물론 저축이나 금융 상품에 투자하는 것도 포함됩니다.

무심코 반복하는 낭비를 '라테 요인(Latte Factor)'이라고 부릅니다. 편의점에서 커피를 사거나 카페에서 라테를 사는 등 대수롭지 않게 쓰는 돈도 반복되면 큰 낭비가 되지요. 매일 1,000원짜리 커피를 사면 1년에 36만 5,000원입니다. 3,400원짜리 라테라면 120만 원이 넘습니다.

**돈 관리를 제대로 하는 사람은 눈앞에서 새어 나가는 적은 돈을 우습게 보지 않습니다.** 필요 없는 물건은 아무리 할인해서 싸게 보여도 사지 않습니다. 자기 기준에 맞추어 의미 있게 돈을 쓰겠다는 의지가 있기 때문입니다.

제가 가계의 삼분법을 추천하는 이유는 자신에게 맞는 돈의 사용 기준을 만들어 보기를 바라기 때문이기도 합니다. 고객들은 한번 가계 재무 상담을 했다고 해서 제가 하는 말을 그대로 받아들이지는 않습니다. 가계부를 쓰거나 가계 소비를 분류해 기록하는 것은 무척 번거로운 일이라고 생각하기 때문이지요. 하지만 가계의 삼분법 실천은 그렇게 어려운 일이 아닙니다. 돈을 쓰면 반드시 영수증을 챙기고, 집에 돌아가 다시 살펴보며 '소비', '낭비', '투자'로 구분해 놓은 3개의 상자(또는 봉투)에 나누어 넣기만 하면 됩니다.

"오늘 동료를 따라 편의점에 갈 필요는 없었는데 말이야. 커피만 산 게 아니라 초콜릿까지 샀으니 모두 '낭비'였어."

"하지만 어제 스타벅스에서 계산한 라테는 거래처와 업무 약속 때문이었으니 '소비'이지."

"며칠 전 회식 참가비는 낭비라고 생각했는데, 배우고 싶었던 분야를 잘 아는 친구가 생겼으니 '투자'에 넣어야겠다."

낭비인지 소비인지 너무 심각하게 고민할 필요까지는 없습니다. 큰 범위로 적당히 분류하면 충분합니다. 처음부터 우리는 "이것은 분명히 낭비다!", "내가 번 돈이니까 마음껏 낭비하자!" 이렇게 결의하고 낭비하는 일은 거의 없습니다. 돈을 쓰는 순간은 소비나 투자라고 생각하고 돈을 냅니다. 하나하나를 다시 생각해 볼 때 '아, 이것은 필요 없었군' 하고 깨닫는 것이 중요합니다. '내가 이렇게 헛돈을 쓰는 경향이 있구나', '나중에 후회하게 되는 지출은 기분이 좋지 않네' 하고 솔직하게 인정하면 그것만으로도 매우 의미 있는 발전입니다.

잘못을 깨닫지 못하고 계속 반복한다면 안타까운 일이겠지요. 그렇게 되지 않도록 스스로 깨닫게 하는 장치가 필요합니다.

### 소비일까, 낭비일까, 아니면 투자일까?

지출을 할 때마다 '소비', '낭비', '투자' 세 가지로 나누는 작업은 아이의 금전 감각을 키우는 데에도 도움이 됩니다. 앞에서 소개한 갖고 싶은 물건 목록의 아래쪽이나 옆 페이지에 용돈 기입장을 쓰게 해보세요. 써야 하는 항목은 매우 간단합니다.

1. 용돈을 받은 날짜와 받은 금액.
2. 지출한 날짜와 품목, 금액, 용돈 잔액.

이 항목이면 충분합니다. 한 주가 끝날 때나 한 달이 끝날 때 이 작업을 시행합니다. 지출 날짜와 산 품목, 금액, 용돈 잔액 옆에 자신이 생각하기에 소비였는지 낭비였는지 투자였는지를 써 두세요.

아이들이 잘 분류할 수 있을지 걱정이 되겠지요. 그러나 걱정할 필요는 없습니다. 부모와 자녀가 함께 참가하는 세미나에서 가계 지출을 위의 세 항목으로 나누는 게임을 한 적이 있는데 아이들은 무척 의욕적으로 분류 작업에 몰두했습니다. 식비나 통신비, 보험, 술과 담배, 옷, 반려동물, 생활용품이라는 지출 항목을 카드로 만들고 각각 소비, 낭비, 투자 중 어디에 해당하는지 아이들에게 나누어 보게 하는 프로그램이었지요.

아이들이 분류한 결과를 보면, 아버지의 술과 담배는 낭비로 들어갑니다. 아이들이 노는 데 필요한 장난감이나 게임도 낭비로 분류합니다. 식비나 간식, 통신비는 필요 항목이지만 지나치게 많이 쓰면 필요 이상의 지출이 되므로 소비와 낭비 사이로 정하지요.

투자에는 책이나 학원비와 교습비 등이 들어갑니다. 어른들의 분류 중 특이했던 점은 신문이 낭비에 들어가는 경우가 많다는 것입니다. 텔레비전이나 인터넷으로 정보를 얻는 생활이 당연해져 군

이 뉴스를 돈 주고 사서 볼 의미가 없어졌기 때문이겠지요. 병원을 투자에 넣는 아이도 있었는데 "왜 그렇게 나눴니?"라고 물어보자 "어른이 되면 의사 선생님이 되고 싶으니까요"라고 대답하기도 했습니다.

**아이들은 우리 부모가 생각하는 것 이상으로 스스로 금전 감각을 키워 가고 있습니다. 정답이나 오답은 없습니다. 자유롭게 생각하게 해 주세요.**

## '용돈 기입장'을 쓰게 하려면

부모가 하나하나 "그렇게 써도 괜찮겠니?", "불필요하게 쓰지는 않았니?" 이런 식으로 지나치게 간섭하면 아이에게 제대로 교육이 되지 않습니다. **용돈은 어느 정도 아이가 원하는 대로 쓰게 해 스스로 '이렇게 쓰면 될까?', '이 정도면 어떨까?' 하고 고민하게 해야 합니다.**

용돈 기입장은 고민해 보는 계기가 될 뿐만 아니라 지출을 소비, 낭비, 투자로 나누어 평가하기 때문에 자기만의 균형 감각을 만들어 가는 데 도움이 됩니다.

참고로 우리 집에서는 용돈 기입장을 쓰라고 권하고는 있지만, 반드시 지켜야 하는 규칙으로 정하지는 않았습니다. 그 대신 용돈 기입장을 쓰는 아이는 보너스로 용돈을 10% 더 줍니다. 용돈이 월 6,000원인 아이는 6,600원이, 1만 원인 아이는 1만 1,000원이 되겠지요. 용돈 기입장을 쓰는 데 대한 상입니다. 600원, 1,000원이라도 1년 치를 모아 보면 아이들에게는 꽤 만족스러운 금액이 됩니다. 처음에는 보너스가 동기가 되어 용돈 기입장을 쓰기 시작했는데 계속하다 보니 쓰기가 그다지 부담되지 않고 오히려 자신이 어떻게 돈을 쓰는지 되짚어 볼 수 있어 재미가 붙기도 하지요. 그런 과정에 잘 적응하는 아이가 있는가 하면, 용돈 기입장을 쓰지 못하는 아이도 있습니다. 그러므로 강요하지 말고 각자의 개성에 맞게 운영하면 됩니다.

그 대신 부모가 "돈을 썼더니 어땠어?", "사 보니 어때?" 하고 자주 물어보세요. 또, '이것은 정말 소비인가? 낭비 아닌가?' 하며 나누는 데 지나치게 고민하지 않아도 됩니다. **여기서 중요하게 생각해야 할 점은 돈에 대해 생각할 기회를 늘리는 것**이기 때문입니다.

어린 시절에 용돈으로 살림을 꾸렸던 경험은 어른이 된 후의 경제 습관에 반드시 영향을 줍니다.

# 가족 재정 회의 추천

우리는 예전부터 '아이에게 돈 걱정 시키고 싶지 않다'라는 이유로 가족의 수입이나 지출에 대해 알려 주지 않는 분위기를 당연하게 여겨왔습니다.

저와 같은 세대인 대부분의 부모님은 어린 시절에 우리 부모의 연 수입이 얼마이고, 매달 어떤 일에 돈을 쓰며, 대출이 얼마나 남았는지 전혀 몰랐을 것입니다. 그러나 지금까지 읽어 보면 명백히 알 수 있듯이 **'걱정시키고 싶지 않아서 알려 주지 않는다'라는 태도는 아이의 금전 감각이 성장하는 것을 방해합니다.**

아이들은 두 살에서 네 살 사이 정도부터 확실하게 돈에 관심을 보이기 시작하고, 정확한 거래 구조까지는 이해하지 못하더라도 돈과 과자, 돈과 주스, 돈과 그림책, 돈과 장난감, 돈과 신나는 놀이를 교환할 수 있다는 사실은 인지합니다. 그리고 초등학교에 들어갈 때 즈음에는 갖고 싶은 물건이 있는데 부모가 사 주지 않으면 '내 돈이 있으면 좋겠다'라고 생각하게 되고, 용돈을 받으면서부터는 '좀 더 많이 받으면 이것저것 다 살 수 있을 텐데' 같은 생각을 합니다.

돈의 기능은 이해하지만, 그 가치나 사용 방법을 제대로 모른다는 말입니다. 그렇게 어린 시절을 보내고 나면 어른이 된 뒤 신용 카드를 남용하거나 빚을 지고 다른 사람의 연대 보증인이 되는 등 돈과 관련된 문제를 떠안게 될 위험이 커집니다.

**아이들이 돈에 대해 배우는 데 가장 좋은 교재는 가정 경제입니다.** 우리 집의 돈이 실제로 어떻게 사용되는지 아이들에게 말하기가 조금 껄끄러울 수도 있습니다. 그래도 가정의 돈의 흐름을 아이들에게 공개하고 이야기해 보세요. 그런 다음 돈의 사용법을 함께 고민해 보아도 좋습니다.

앞에서도 말했듯이 우리 집에서는 아이들과 돈의 사용에 대해 의논하는 가족 재정 회의를 개최하고 있습니다. 사실은 저 역시 예전에는 아이들에게 돈 이야기를 하는 데에 거부감이 있었습니다. 저의 어린 시절을 돌아보더라도 부모님과 가정 경제나 돈에 대해 의논해 본 적이 없기 때문에 왠지 돈 이야기는 하지 말아야 한다고 생각했지요.

그런데 큰딸이 초등학교 2학년인가 3학년 때였습니다. 아내와 거실에서 생명 보험료에 관한 이야기를 하고 있었는데 아이가 "보험료는 왜 내는 거야?"라며 대화에 끼어들었습니다. 잘못된 일을 하고 있던 것도 아니고 숨길 필요는 없었지만, 순간적으로 당황했습니다. 왠지 부부의 비밀을 들킨 느낌이었지요.

제 마음속 어딘가에서 '아이가 돈에 대해 생각하는 것은 별로 바람직하지 않다'는 선입관이 있었던 것입니다. 그러나 냉정하게 생각해 보니 말한다고 해서 곤란하거나 이상해질 일이 아님을 깨달았습니다. 그래서 생명 보험의 원리를 설명해 주고 보험료에 관해 이야기하면서 '돈 이야기는 부모와 아이 사이에 좋은 대화의 소재가 된다'는 사실을 알게 되었지요.

그때부터 정기적으로 아이들을 포함한 가족 전원이 가계에 대해 의논하기로 했습니다. 현재 가족 재정 회의는 한 달에 한 번 정도 주기로 개최합니다.

회의를 열어 보니 좋은 점이 무척 많았습니다. 아이들은 우리 어른이 생각하지 못하는 순수한 의견을 내놓습니다. 돈에 관한 상식에 얽매이지 않기 때문에 예상하지 못했던 방향에서 질문이 날아 들어옵니다. 이 질문에 답하려고 지혜를 짜내다 보면 '어, 가만 보자, 이 상식 진짜 맞는 거야?' 하며 오히려 자문자답하게 되고 새로운 사실을 깨닫는 경우도 있습니다.

## 가족 재정 회의의 또 다른 효용

우리 집의 가족 재정 회의 개최일은 월급이 나오는 주의 금요일입니다. 사회인이 된 첫째 아이부터 초등학생인 막내 아이까지 가족 8명, 전원이 참석합니다.

가장 먼저 '이번 달의 수입'을 공개합니다. 저와 아내의 월급, 서적의 인세 등을 숨기지 않고 모두 보여 줍니다. 다행히 지금은 그렇지 않지만, 회사를 그만두고 독립한 지 얼마 되지 않아 수입이 안정되지 않았던 시절에는 "이번 달은 적네" 하며 아이들이 동요하기도 했습니다.

다음으로 가계부를 쓰는 아내가 '이번 달의 지출'을 발표합니다. 주거비, 수도, 광열비, 통신비 등의 고정비와 식비, 교제비, 의료비 등의 변동비를 지난달과 비교해 가면서 지출 내용을 보고합니다. 이때 '불필요한 지출 아닌가?' 하고 생각되는 지출에 대해 아이들이 지적하기도 합니다. 저는 예전에 담배를 하루에 두 갑 정도 피우는 애연가였습니다. 그런데 용돈이 월 1만 원 미만이었던 딸들이 보기에 한 갑에 3,000원이나 하는 담배를 두 갑씩 사니 하루에 6,000원, 한 달이면 18만 원이나 하는 지출이 너무 많다고 생각했지요. "아버지는 왜 담배를 피우는 거예요?"라는 질문을 듣고 "긴장을 풀려고"라고 대답하긴 했지만 "이만큼의 돈이 있으면 책이나 공책, 맛있는 간식도 살 수 있는데"라는 말을 듣고는 반론할 수가 없었습니다.

저에게는 필수품이지만 아이들이 보기에는 그저 사치품이며 불필요한 지출이라고 여길만한 일이었지요. 결과적으로는 이 회의를 계기로 담배를 끊기로 했으니 딸들에게 감사하게 생각합니다.

다음으로 저축의 추이도 공개합니다. 적금은 물론 주식 투자의 손익, 투자 신탁의 평가액 등 투자 내용에 대해서도 알려 줍니다. 어린 아이들은 유치원 때는 물론 초등학생이 된 지금도 저나 아내가 무슨 말을 하는지 잘 모를 것입니다. 그래도 빠지지 않고 회의에 계속 참석하자 아이들은 자신의 눈높이에서 이해하고 의문을 가지기도 하며 돈이나 투자에 관심을 보이게 되었습니다.

## 돈의 사용 계획을 발표하게 한다

여기까지가 가족 재정 회의 전반입니다. 중요한 부분은 후반의 '계획서 발표 대회'입니다. 수입에서 지출과 투자를 포함한 저축을 뺀 뒤 남은 돈으로 사고 싶은 물건이 있는지 서로 이야기를 나눕니다.

한번은 중학생이었던 딸이 학원에 다니고 싶다며 손을 들었습니다. 그 의견에 대해 "학원비가 너무 비싸지 않아?", "계속할 수 있을까?"라는 질문이 나왔지요. 그러자 딸은 "언니들은 사립 학교에 다니지만 나는 공립중학교에 다니고, 고등학교도 공립에 갈 생각이야. 학비가 들지 않는 만큼 학원에 다녀도 괜찮다고 생각해"라며 반론했고, 가족을 설득하여 학원에 다니게 되었습니다.

그런가 하면 제가 "내 전용 헤어드라이어가 있으면 좋겠어"라고 제안한 적이 있었는데 가족 전원이 "지금 있는 여성용 헤어드라이어로도 머리는 말릴 수 있어요"라는 의견을 내며 반대해 제 의견은 기각되었습니다. 이렇게 가족 재정 회의에서는 돈을 버는 사람인지 아닌지, 나이가 많든지 적든지에 상관없이 평등하게 의견을 나눕니다.

가족 재정 회의에는 미리 정해둔 규칙이 있습니다. 그중 하나가 **회의 후에는 불평하지 않기**입니다. 하고 싶은 말은 회의 자리에서 하고, 불만도 회의 시간 안에 말하고 끝내기로 했지요. 또 **아이들의 의견이라고 무조건 받아주지 않는다**는 규칙도 있습니다. 어디까지나 성인의 의견과 똑같이 다루고 진지하게 검토합니다. 중요한 것은 그 '돈의 사용이 가족에게 의미가 있는가' 입니다. 조금이라도 동의가 안 되면 회의를 통과하지 못합니다.

## "공동 사용 물품 중에 사고 싶은 물건이 있니?" 하고 물어본다

가족 재정 회의는 가계와 아이들의 돈 관리에 다양한 효과를 발휘합니다.

- 가계의 흐름을 공유하면 돈의 관리에 계획성이 생기기 시작한다.

예를 들면 이번 달은 지출이 많으니 원하는 물건은 참기로 하자,

지난번에는 아버지가 희망하는 물건을 샀으니 다음 달은 내가 원하는 물건을 제안해 보자, 이렇게 계획적으로 돈을 사용하는 습관을 들여갑니다.

- 가계 관리가 쉬워진다.

수입과 지출을 가족 전원이 공유하므로 절약하고 싶을 때도 협력을 구하기 좋고, 가계 관리가 쉬워집니다. 또 아이들이 가계 상황을 알고 있기 때문에 부모에게 조르지 않고 자신의 용돈을 모아 갖고 싶은 물건을 사려고 노력하는 등 용돈을 잘 꾸려 가게 됩니다.

실제로 가계 상담을 하려고 오는 고객 중 가족 재정 회의를 시작해 보았다는 분에게 이야기를 들어 보니 다음과 같은 변화가 있었다고 합니다.

"주택 구매 자금을 모으는 중이라는 사실을 아이들이 알면서 가계에 더 흥미를 느끼게 되었어요. 새로운 집에 살고 싶다고 기대하고 모델하우스의 광고를 보면서 저축 진행 상황에 관심을 가지기도 하며, 원하는 물건이 있어도 참을 줄 알게 되었답니다. 자신의 용돈도 저축하는 것 같아요."

"원래 공부가 잘 안 되면 여러 학원에 다녔는데 가계의 실정을 알고부터는 절약을 위해 학원을 줄이겠다고 결심하더군요. 어느 학원을 남길지 우선순위를 고민하는 것 같아요."

"가계의 살림에 관해 이야기하니 직장에 다니는 자녀가 집에 돈을 갖다주기도 합니다. 아르바이트를 하던 아이도 조금씩 돈을 내니 도움이 돼요."

당신이 '우리도 가족 재정 회의를 해 볼까'라는 생각을 한다고 해서 갑자기 수입이나 저축액을 모두 공개하기는 어려울 수도 있습니다. 그럴 때는 우선 가족이 모였을 때 아이들이나 배우자에게 **"요즘 공동 사용 물품 중에 사고 싶은 물건이 있어?"** 라는 질문부터 시작해 보세요. 그리고 그것이 비용 면에서 구매 가능한지, 가족에게 필요한 물건인지 서로 이야기를 나누어 봅니다. 원하는 물건이나 있으면 좋겠다고 생각하는 물건을 화제로 시작해 가족 모두에게 의견을 들어 보면서 소통을 확장해 나가면 됩니다.

가계 상황이 어렵다면 아이들에게도 솔직하게 "이번 달은 무척 어려운 상황이야"라고 알리고 의제로 삼아 보는 방법도 좋습니다. 적극적으로 이야기에 끌어들이면 자연스럽게 회의가 이루어집니다.

그다음은 "이번 달도 돈의 사용에 대해 의논해 보자!" 하고 가족들을 모아 가계의 지출을 공개하면서 모두의 의견을 듣습니다. 물론 아이들의 이야기에도 진지하게 귀를 기울여 주세요.

어릴 때부터 돈 이야기를 하는 데에는 찬반양론이 있습니다. 하지만 흔히 하는 걱정과는 달리 이점도 많습니다. **아이를 중요한 회의의 일원으로 대우해 주므로 좋은 영향을 주는 교육이 되기도 합니다. 또, 다 같이 목표를 공유하는 덕분에 가족의 정도 깊어집니다.**

참고로 '아이가 밖에서 우리 집의 연 수입이나 저축액을 말하고 다니면 어쩌지' 하고 걱정하시는 분에게는 이렇게 말하도록 조언합니다.

"너희들은 우리 집의 직원이야. 너희 한 사람 한 사람이 직원이라는 사실을 기억하면 좋겠어. 그러니까 이 중요한 일을 다른 데 가서는 말하지 말아야 해."

비밀을 지켜야 할 의무가 있다고까지는 말하지 않지만 "중요한 규칙이란다"라고 해 두면 아이들도 잘 지켜 준답니다.

# 아이에게 여행이나 나들이 예산을 짜게 한다

 아이들이 돈의 사용법을 제대로 익히고 금전 감각을 비약적으로 성장하게 하는 방법이 있습니다. 바로 '여행이나 나들이의 예산을 짜게 하는 일'입니다.

 황금연휴나 여름 방학, 겨울 방학에 아이들을 데리고 여행을 가거나 스포츠 관람, 행사 등에 참가하는 집이 많으리라 생각합니다. 지방에서 도심의 테마파크로, 도심에서 교외 리조트나 온천으로 많이 가지요. 이렇게 테마파크나 온천 등의 여행지에 가면 저희도 무심코 '이럴 때 정도는 괜찮겠지'라는 생각으로 캐릭터 상품이나 과자, 주스 등을 사 주니 여행 경비 이외에 돈이 드는 경우가 있습니다. 체험과 추억은 돈으로 살 수 없지만 가계에는 교통비, 숙박비를 포함해 큰 지출이 됩니다. 하지만 이런 여행이나 나들이를 '**부모가 제공하는 여가 활동**'이 아니라 '**아이들이 주도하는 여가 활동**'으로 바꾸면 아이들이 돈의 사용법을 제대로 익히고 금전 감각이 비약적으로 성장하는 기회가 됩니다.

아이들이 주도하는 여가 활동이란 아이들이 스스로 활동의 목적을 정하고 필요한 비용을 계산하여 예산을 세우고 실행하는 것입니다. 만약 가족 네 명분의 여름 휴가 예산으로 200만 원을 확보해 두었다고 해 봅시다. 그중 150만 원을 아이들이 주도하는 여가 활동 예산으로 맡겨 보세요. 참고로 남은 돈 50만 원은 아이들의 계획에 빈틈이 있거나 여가 활동 중에 만일의 사태가 일어날 때를 대비한 예비비입니다. 사용하지 않고 넘어간다면 저축으로 돌리면 됩니다.

계획을 세울 때는 어떤 교통수단을 이용할지, 교통비는 얼마나 드는지, 시설의 입장료는 얼마인지, 식사는 어떻게 해결할지 등 돈이 들어가는 항목을 하나하나 확인합니다. 물론 처음 해 보는 아이들은 익숙하지 않기 때문에 부모님이 "이런 데도 돈이 든단다"라고 알려 주면서 다음과 같은 형태로 목록을 만들어 보도록 도와주세요.

- **목적지**     오사카 유니버설 스튜디오 재팬
- **예산**     150만 원
- **예상 비용**     왕복 교통비, 1박 2일 숙박비(저녁 식사, 아침 식사 포함), 첫째 날 점심 식사비, 둘째 날 점심 식사비, 간식과 음료 비용, 테마파크 입장료, 기념품 살 비용

## 돈을 적절하게 쓰는 기쁨을 깨닫는다

이 목록은 제가 실제로 가계 상담을 했던 고객의 이야기를 듣고 만들었습니다. 그 가족은 이 목록을 토대로 가족 재정 회의가 아닌 '가족 여가 활동 회의'를 아이들을 중심으로 몇 번이나 개최했다고 합니다.

아이들은 목록에 있는 각 항목에 드는 비용을 인터넷에서 조사했습니다. 치밀하게 짜지 않으면 예산이 초과할 수도 있다는 것도 알게 되었지요. 그래서 회의에서 활발하게 의견이 오갔다고 합니다.

"고속 열차로 왕복하면 예산이 초과하네."

"아빠한테 차를 운전해 달라고 해도 될까?"

"그런데 아빠가 운전하느라 지쳐 버리면 도착해서 놀아 주지 않을 거고 그러면 재미가 없잖아."

"호텔비를 아껴서 좀 불편한 곳에 머물면 다음 날 신나게 못 놀 거야."

"심야 버스라는 게 있는데 엄청나게 싸대."

"고속열차와 숙소를 세트로 묶어 놓은 저렴한 여행 상품이 있어."

"첫째 날 점심은 주먹밥을 만들어 가면 되겠다."

이 가족은 아이들이 스스로 고민하여 조사하고 목록을 고치고 만들어 나갔습니다. 심야 버스를 이용해 교통비를 줄이고 테마파크 안에서 불필요한 지출은 하지 않도록 점심 식사와 쉬면서 먹을 간식 계획까지 짜 놓았으며 둘째 날에는 "아빠와 엄마도 사고 싶은 물건을 사도 돼"라며 예산에서 책정한 용돈도 1만 원씩 주었다고 합니다.

끝까지 부모님의 지갑에 있던 예비비는 쓰지 않고 1박 2일간 아이들이 주도하는 여가 활동 여행이 끝났습니다. 아이들은 스스로 계획을 세워 여행하는 기쁨을 알게 되었고 "준비를 잘하면 지금까지 해 온 여행보다 돈을 적게 들이면서 더 즐겁게 지낼 수 있어!"라며 대만족했습니다. 게다가 예산을 짜 보면서 "150만 원은 어른이 한 달 동안 생활할 수 있는 돈인데 테마파크에 이틀 가는 데 그 이상 사용했구나"라며 놀랐다고 합니다.

## 경험을 통해 상품의 가격을 이해한다

여가 활동에 쓸 수 있는 예산에는 한계가 있지요. 어떻게 하면 가족 모두가 즐길 수 있을지 아이들에게 계획을 맡겨 보면 부모가 놀랄 만한 발상을 하기도 합니다. 또, 부모가 전부 계획해서 데리고 다닐 때는 생각하지 못했던 상품이나 서비스의 가격을 아이들이 정확하게 인식하게 되지요. 비행기, 고속 열차, 고속버스, 심야 버스, 렌터카 등 이동에 드는 교통비가 여가 활동에 드는 예산에서 가장 큰 부분을 차지한다는 사실, 테마파크 같은 곳에서는 입장료뿐만 아니라 식비에도 많은 돈이 드는데 캠프장에서 바비큐를 하는 등 테마에 따라서는 돈이 별로 들지 않을 수도 있다는 사실, 또 숙소에는 다양한 등급이 있고 어린이 숙박비에 관해서는 각각 다르게 설정되어 있다는 사실 등을 새로이 알게 되었습니다.

계획을 짜기가 쉽지 않고 무슨 일을 하더라도 돈이 든다는 사실을 깨달으면서 아이가 돈에 대해 가지는 인식도 바뀌어 갑니다. **한 번이라도 실제로 자기가 세운 계획을 실행해 보면 그 경험을 일상생활에도 적용하면서 불필요한 지출을 없애려고 노력하는 아이가 됩니다.**

초등학교 고학년 아이라면 아이들이 주도하는 여가 활동의 의의를 이해하고 잘 활용할 수 있을 테니 꼭 아이들에게 예산을 맡겨 계획을 세워 보게 하면 좋겠습니다. 여행에 플러스알파의 기쁨을 맛볼 수 있을 것입니다.

# 아이 전용
# 계좌를 개설하자

제 아이들은 모두 각자의 은행 계좌를 가지고 있습니다. 일반적으로 14세 이하의 어린이가 계좌를 만들려면 부모(친권자)가 은행에 가서 계좌 개설 수속을 해야 합니다. 현금 카드나 통장 관리도 아내가 합니다. 아이들은 세뱃돈이나 다달이 받는 용돈을 모으고 할아버지와 할머니에게 받은 임시 수입, 특별한 일로 받은 심부름 값 등을 입금합니다. 각자의 목적에 맞게 돈을 모으지요.

    제가 어린이들에게 은행 계좌를 만들게 하고 돈을 모으라고 추천하는 이유는 두 가지입니다.

    첫 번째는 돈을 긍정적으로 생각하게 해 주고 싶어서입니다. 옛날에는 돈 이야기가 나오기만 해도 경박하게 생각하고 나무랐습니다.

"돈보다 중요한 것이 있다"며 훈계하는 집도 있었지요. 이 세상에 돈보다 중요한 것이 있다는 말은 맞지만, 그것과 돈을 비교하는 일은 의미가 없습니다.

아이들이 '돈보다', '돈 같은 것'이라는 생각을 가지지 않았으면 좋겠습니다. 돈은 인생에서 중요한 존재이며 저는 돈을 좋아한다고 진심으로 말할 수 있습니다.

**아이들 역시 돈에 대해 긍정적으로 인식했으면 좋겠습니다.** 그래서 되도록 빨리 은행 계좌를 만들어 자기 돈을 모으는 경험을 해 보고 돈의 중요성을 깨닫기를 바랍니다.

아이들에게 은행 계좌를 만들게 하는 두 번째 이유는 돈이 선택의 폭을 넓혀 준다는 사실을 어릴 때부터 알았으면 하는 바람 때문입니다.

매달 6,000원의 용돈에서 1,000원씩 따로 열 달 동안 모으면 1만 원이 됩니다. 1만 원이 있으면 갖고 싶었던 캐릭터 상품을 살 수 있고 보고 싶었던 축구 경기를 관람할 수 있습니다. 또 시간을 더 들이면 2만 원까지 모을 수도 있습니다.

늘어가는 은행 잔액을 숫자를 보면서 돈이 주는 다양한 가능성을 상상하고 그 돈을 어떻게 사용할지 결정할 수 있다는 감각을 즐겨 보았으면 좋겠습니다. 모아 놓은 돈으로 놀거나 배울 수 있으며 친구와 함께 이벤트를 즐기거나 갖고 싶은 물건을 살 수도 있습니다. '내가 선택한 일을 할 수 있다!'라고 실감하기도 하지요.

저는 금융 자산 관리사로서 고객의 가계 재무 상담을 하고 보수를 받습니다. 고객은 다른 누군가를 돕고 사회에 도움이 되는 직업에 종사해 돈을 벌고 상담료를 냅니다.

모든 사람이 다른 이에게 자신이 할 수 없는 일에 다른 사람의 도움을 받고 그 대가로 돈을 지불하는 구조로 사회가 성립합니다. 그러므로 '돈이 모인다 = 선택지가 많아진다'라고 할 수 있습니다.

## 잔액이나 씀씀이는 깐깐하지 않게 점검한다

제 아이들은 인터넷 전문 은행에서 계좌를 개설했으므로 종이 통장은 없습니다. 그래서 세뱃돈을 저금했을 때는 잔액을 기재한 영수증을 아이들에게 줍니다. 용돈 기입장을 쓰는 아이는 그 영수증을 노트에 붙이거나 끼워 둡니다. 중학생이 되면 로그인 아이디와 패스워드를 알려 주고 스스로 입금과 출금을 하게 하는데, 저와 아내가 가끔 잔액을 확인하고 지나치게 쓰지는 않는지 점검합니다. 갑자기 잔액이 줄었을 때는 일단 "무슨 일이니?"라고 말을 꺼내고 용도를 물어보기도 하지만 기본적으로는 아이들이 모은 돈이므로 '불필요하게 썼다'고 생각하더라도 혼내지는 않습니다. 아이들도 스스로 잘못했다고 생각할 수도 있고 어쩔 수 없는 사정이 있을지도 모르니까요. 그 대신 "사고 보니 어땠어?" 또는 "가 보니 어땠어?" 하고 다시 한번 돌아볼 수 있을 만한 질문을 합니다.

반대로 돈을 차곡차곡 모으는 아이에게는 "와, 많이 모았구나. 어떻게 꾸리고 있니?" 하고 물어보고 그 아이만의 돈을 모으는 비결을 듣기도 합니다.

다시 말하지만, 중요한 것은 돈에 관해 소통의 기회를 늘려야 한다는 점입니다. 돈을 모아 보니 기분이 어떤지, 모은 돈을 쓸 때는 어떤 생각이 들었는지 등에 관한 이야기만 나누어도 충분합니다.

# 카드 사용 연습으로는 '직불 카드'가 좋다

제 아이들은 고등학생이 되면 직불 카드를 가지고 다닙니다. 일반적으로 '카드 결제'라고 하면 신용 카드를 생각하는 분이 많으시겠지요. 가게에서는 물론 온라인 쇼핑에서도 카드 번호 등 필요 사항을 입력하기만 하면 쇼핑을 할 수 있어 편리합니다. 또, 신용 카드로 내면 할인을 받거나 포인트가 쌓여 더 이익이라는 느낌도 듭니다. 그러나 돈을 계획성 있게 사용하는 훈련이 제대로 되지 않고 금전 감각이 잘 잡히지 않은 상태로 사회인이 되어 갑자기 신용 카드를 쓰기 시작하면 실수를 저지를 가능성이 높습니다.

신용 카드는 현금이나 통장의 잔액과 상관없이 한도액 범위 안에서 이용할 수 있기 때문에 자신의 계획보다 많이 써 버리기 쉽습니다. 그 결과 생각지도 못한 큰돈이 청구되어 결제일에 어려움을 겪고 현금 서비스를 받아 빚이 늘어나지요. 그렇게 악순환에 빠지는 경우가 적지 않습니다. 어릴 때 작은 실수를 겪어 보지 않으면 결국 이러한 큰 잘못을 저지를 가능성이 있습니다.

실제로 가계 재무 상담을 해 보면 돈을 모으지 못하거나 낭비가 많은 사람 대부분이 신용 카드를 너무 쉽게 사용합니다.

직불 카드는 신용 카드와 달리 결제할 때 은행 계좌에서 바로 지급이 완료되는 '즉시 지급 방식'인 카드입니다. 일본에는 현금 카드로 그대로 결제할 수 있는 'J-Debit'과 VISA Debit이나 JCB Debit처럼 국제 브랜드가 붙은 '브랜드 직불'의 두 가지 형태의 직불 카드가 있습니다.

참고로, 브랜드 직불 카드는 VISA나 JCB 등 전 세계의 가맹점에서 이용할 수 있으므로 J-Debit보다 이용 가능한 가게 수가 많습니다. 신용 카드와 마찬가지로 인터넷 쇼핑 결제도 할 수 있는데 은행 계좌에서 즉시 인출되므로 잔액이 부족하면 물건을 살 수 없습니다. 또 미리 이용 한도액을 설정할 수도 있으며 결제는 일시불로만 가능합니다. 신용 카드처럼 할부나 리볼빙 결제는 할 수 없습니다. 구매 금액 외에 이자 수수료와 같은 불필요한 지출은 하지 않게 되지요. 다시 말해, 카드라고는 해도 현금에 가까운 개념으로 사용할 수 있다는 말입니다.

신용 카드는 이미 현대 사회에서 필수 아이템입니다. 카드를 쓰면서 계획성 있는 지출을 하는 데 익숙해지기 위해 직불 카드 사용을 검토해 보세요.

## 카드 결제의 위험을 살짝 맛보게 한다

카드를 주고 아이들의 반응을 지켜보았습니다. 아이들은 처음에는 무척 긴장해 적은 금액부터 시험해 봅니다. 교통 카드처럼 미리 충전하여 지불하는 선불 카드와는 달리 직접 계좌에서 돈이 인출되는 데에 익숙해지려면 시간이 걸리겠지요.

뉴스를 보거나 친구들끼리 이야기하면서 아이들은 카드에 대해 '너무 많이 써서 빚이 늘어나는 사람이 많이 있겠지?' 같은 생각도 드는 모양입니다. 하지만 그것도 몇 번 쓰다 보면 점차 자기 계좌에 있는 잔액을 확인하면서 적응해 갑니다. 결국 현금을 많이 가지고 다니지 않아도 되고, 인출 수수료를 신경 쓰지 않아도 된다는 이점을 깨닫고 카드가 얼마나 편리한지 깨닫습니다.

저는 이런 준비 과정 없이 사회인이 되고 나서야 처음으로 신용 카드를 가지게 되었기 때문에 "마법의 카드다!"라며 신이 나서 마구마구 써댔습니다(웃음).

원하는 물건이 있으면 바로 살 수 있고 ATM에 꽂으면 잔액이 없어도 몇백만 원이든 인출할 수 있었습니다. 이름은 현금 서비스지만 그야말로 명백한 빚인데 그 돈을 파친코나 슬롯머신에서 써 버리는 실수도 몇 번이나 저질렀습니다.

그와 같은, 경험하지 않아도 될 실수를 아이들은 겪지 않았으면 하는 마음에 직불 카드를 사용하게 하는 것이지요. 신용 카드에는 리스크가 있기는 하지만, 피하기만 하면 할 수 있는 일이 줄어듭니다. 미리 준비해 두면 좋겠습니다.

# 3장

## 아이에게 '돈을 불리는 방법'을 가르쳐라

# 돈이 불어나는 이미지를 떠올리게 한다

다시 한번 질문하겠습니다. 당신은 돈을 좋아하나요? 저는 분명하게 "돈을 매우 좋아합니다"라고 말할 수 있습니다.

하지만 "돈을 매우 좋아한다"라는 말은 욕심이 많은 듯한 인상을 줄 수도 있지요. 일본에서는 부모와 자녀 사이에 돈 관리에 대해 이야기하기를 꺼리는 가정이 많습니다. 더구나 '투자' 이야기가 나오면 '아이에게 투자에 관한 이야기를 하기는 너무 이르지 않을까?', '쉽게 돈을 벌 수 있다고 착각하게 해 나쁜 영향을 주지는 않을까?' 이런 걱정을 하며 불안해하기도 합니다.

그러나 돈은 우리가 생활하고, 배우며, 많은 일을 실현하기 위해 꼭 필요합니다. 돈을 좋아한다는 것은 타인에게 민폐를 준다기보다 오히려 좋은 영향을 줄 수 있는 것이 아닐까 생각합니다.

그래서 2장에서 소개한 것처럼 저는 아이들과 돈에 관한 이야기를 많이 합니다. 그 영향으로 6명의 아이들은 다들 돈을 긍정적으로 생각하고, 이해하며 성장하고 있습니다.

**돈의 좋은 면을 보고, 돈에 관해 이야기를 많이 나누면 아이들이 앞으로의 인생에서 빚을 만들거나 신용 카드를 지나치게 사용하여 생기는 '하지 않아도 될 고생'을 겪을 가능성이 크게 줄어듭니다.**

## 투자란 돈이 돈을 벌게 하는 것

한발 더 나아가 돈을 불리는 방법의 하나인 '투자'에 관해서도 어릴 때부터 알려 주어야 합니다. 우리가 돈을 불리기 위해서 할 수 있는 일은 크게 나누어 다음 세 가지밖에 없습니다.

1. 매달 수입을 늘린다.
2. 매달 지출을 줄인다.
3. 가지고 있는 돈을 잘 운용해 불린다.

돈은 저절로 생겨나거나 늘어나지 않기 때문에 우선은 '수입을 올리는' 것이 모든 과정의 시작입니다. 일을 하고, 그 대가로 수입을 얻지요. 당연한 소리를 한다고 생각할지도 모르겠지만, 어떤 방식으로든 일을 하지 않으면 얻을 수 없는 것이 돈입니다.

다음으로 할 수 있는 일은 '지출을 억제하는' 것입니다. 돈의 사용을 직시하고 필요하지 않은 지출을 줄여 갑니다. 이때는 앞에서 소개한 소비, 낭비, 투자의 지출 관리가 도움이 됩니다. 절약만 잘해도 일을 해서 벌어들이는 수입 중 많은 부분이 손에 남게 됩니다.

돈을 불리는 방법의 세 번째가 이 3장의 주제인 '투자'입니다. 투자란 이익을 얻을 목적으로 금융 상품이나 사업 등에 자금을 대는 일입니다. **투자를 아이들에게 설명하려면 '돈이 일을 해서 불어나게 하는 것'이라고 하면 됩니다.** 넓은 의미로는 은행 계좌에 저축하는 것도 운용의 일종이지만, 금리가 너무 낮은 요즘은 저축을 해도 돈이 거의 늘어나지 않습니다. 그래서 좀 더 높은 수익(이율)을 기대할 수 있는 투자처를 선택하고 돈이 일을 하게 하여 조금씩 늘려 가 보자는 생각이 이 3장의 기본적인 입장입니다.

## 투자는 빨리 시작할수록 유리하다

적은 돈이라도 일단 운용을 시작해 보아야 합니다. 지금까지 투자를 해 본 적이 없었다면 망설여지겠지만, 일본에서는 최근 수년 사이에 'iDeCo(개인형 확정 기여 연금)'이나 '적립형 NISA(Nippon Individual Saving Account: 소액투자 비과세 제도. 주식 및 펀드에 의한 투자로 얻은 이익의 과세를 면제하는 것-옮긴이 주)'와 같이 장기분산 투자를 할 수 있고 세금 면에서도 우대되는 제도가 등장하였습니다(자세한 것은 뒤에 설명합니다).

물론 투자의 일종이므로 리스크가 전혀 없다고는 할 수 없지만, **장기적으로 보면 예금이나 적금보다 훨씬 큰 이윤을 기대할 수 있습니다.** 예를 들어 iDeCo를 이용하면 원금보장형 상품으로 적립하면서 소득공제를 받아 세금을 줄일 수 있습니다. 투자에 다소 거부감이 있는 사람도 검토할만한 가치가 있습니다.

앞으로 열릴 100세 시대에는 은퇴 후 30년에서 40년을 연금과 같은 국가 보장만으로 버티기가 어렵습니다. 그렇다고 자신의 자산만으로 해결할 수 있는 사람도 거의 없을 것입니다. 우리 자녀들 세대도 마찬가지이겠지요.

우리가 확실하게 할 수 있는 일은 이 사실을 인식하는 시점부터 가능한 범위에서 '돈이 일하게 할' 준비를 시작하는 것입니다. 노후 자금 문제가 크게 화제가 되었던 이유는 그만큼의 돈을 갑자기 준비하기가 불가능하기 때문입니다.

**그러나 시간을 들여 차근차근 대비한다면 돈은 점차 불어나 필요한 만큼 모일 것입니다.** 앞에서 말한 것처럼 우리 아이들 세대는 '시간'이라는 무기가 풍부합니다. 어릴 때부터 투자를 시작해 두면 그 효과는 절대적입니다.

## 핵심은 '분산', '적립', '장기'

돈이 일하게 하면 투자에 대해 정확하게 인식하므로, 자산이 늘어나는 것 외에도 좋은 효과가 많습니다.

달마다 조금씩 투자로 돈을 돌리려면 돈의 씀씀이를 점검할 필요가 있습니다. 절약에 관심을 가지고 다양한 절약법을 익히고 시도해 보아야 투자의 밑천이 되는 돈을 만들 수 있습니다. 그렇게 고생해서 만든 소중한 돈을 투자하므로 투자처에 대한 관심도 자연스럽게 높아집니다. 게다가 거기서 조금씩 성과가 나오면 가계 전반에 더 신경을 쓰게 됩니다. 즉, **투자의 시작이 평상시 돈의 씀씀이를 점검하는 전환점이 되어 가계의 불필요한 지출을 없애고 돈을 벌어들일 자금을 마련하는 사이클을 만듭니다.**

단, 이 사이클은 올바른 투자를 시작한 경우에만 생깁니다. 바르지 않은 투자를 하면 가계의 균형을 무너뜨리는 잘못된 순환이 시작됩니다.

그러면 앞으로 어린이들과 투자에 관해 이야기해 나간다고 생각할 때 바른 투자란 어떤 것일까요? 완벽한 정답은 없지만, 제가 가계 재무 상담을 하며 보았을 때 가장 적합한 투자 대상은 리스크가 낮고 복수의 상품을 운용할 수 있는 펀드를 적립하는 유형의 투자입니다. 이제부터 투자를 시작하겠다고 생각하는 초보자에게는 가장 적당한 방법입니다.

키워드는 **분산**, **적립**, **장기**입니다.

# 저축이 얼마나 있으면 투자를 시작해야 할까?

지금부터 자녀가 장래를 위해 꾸준히 자산을 늘려 갈 수 있는 투자에 대해 꼼꼼하게 알려 드리겠습니다. 우선 일반 가정의 투자에 대해 생각해 봅시다.

"1,000만 원이 모였으니 투자를 시작해도 될까요?"

"은행 계좌에 돈을 묻어 두는 것은 돼지 저금통에 넣어 두는 것과 마찬가지잖아요. 100원이라도 많이 투자로 돌리고 싶어요."

"어느 시점에서 투자를 시작하면 좋을지 잘 모르겠어요."

투자 초보자에게 천천히 자산을 늘리는 투자를 추천하면 반드시 이처럼 '투자를 시작하는 타이밍'에 관한 질문이 나옵니다. 그럴 때 저는 항상 '3개의 주머니' 이야기와 함께 확보해 둔 '저축 금액'에 관해 이야기합니다.

3개의 주머니란 용도에 맞게 나누어 사용하는 은행 계좌를 말합니다.

첫 번째는 **쓰는 주머니**입니다. 매달 살림살이나 갑작스러운 축의금과 같이 돌발적인 지출을 처리하는 돈을 넣어 두는 주머니로, 쉽게 말하면 '생활비용 계좌'입니다. 여기에 실수령 월수입의 1.5개월분을 준비해 두어야 합니다. 반 달 분의 버퍼를 준비해야 마음의 여유를 가질 수 있습니다.

두 번째는 **모으는 주머니**입니다. 말 그대로 돈을 모으기 위한 주머니입니다. 목표 금액 기준은 최소 실수령 월수입 6개월분입니다. 그 정도가 있으면 실직하거나 아파서 일하지 못하는 만일의 사태에도 대응할 수 있습니다. 말하자면 '생활 방어 자금용 계좌'입니다. 장래의 새 차 구매 자금이나 아이 교육비와 같이 목적에 맞게 저축이 필요할 때는 따로 주머니로 나누어 둡니다.

그리고 세 번째가 **불리는 주머니**입니다. 이것은 투자에 넣어도 생활에 영향을 주지 않는 '잉여 자금용 계좌'입니다. 스스로 일하게 할 돈은 이 세 번째 주머니에서 지출하는 것이 이상적입니다. 만약 주식이 떨어지고 펀드의 평가액이 낮아져서 일시적으로 손실을 본다고 해도 잉여 자금 범위 내라면 당황하지 않고 차분하게 장기 투자를 계속할 수 있습니다.

즉 투자를 시작하는 시점, 저축에서 투자로 전환하는 시점으로 적절한 때는 **쓰는 주머니 + 모으는 주머니에 월수입의 7.5개월분 저축**

이 생긴 이후**입니다. 월수입이 200만 원이라면 1,500만 원. 월수입이 250만 원이라면 1,875만 원. 월수입이 300만 원이라면 2,250만 원. 그 밖에, 몇 년 안에 사용할 필요 자금이 준비되고 나서 투자를 시작하는 것이 바람직합니다.

## 투자를 너무 많이 하지 않게 조심한다

돈을 모으는 가장 좋은 방법이라고 투자를 빨리 시작하는 데에 너무 집착하면 운용에 실수를 저지르기 쉽습니다. 왜냐하면 투자에서 성과를 내는 사람은 정확하게 '지금 이곳'의 가계 상황을 직시하고 있기 때문입니다.

이때의 지금 이곳이란 '현재 가계의 상황'을 말합니다. 가계 재무 상담을 하다 보면 운용에 적극적이고 투자 지식도 풍부한데 잘 풀리지 않는 사람들을 만나게 됩니다. 그들에게 공통적인 부분은 너무 지나치게 미래만 본다는 점입니다.

물론 미래를 생각하고 앞을 내다보는 투자를 시작해야 한다는 생각은 틀리지 않습니다. 오히려 좋은 일이라고 생각합니다. 그러나 **'지금 이곳의 가계'를 소홀히 하면 운용에 무리가 생깁니다.**

예를 들어 어떤 고객은 '절세 효과가 엄청나다', '리스크가 적고 자력으로 노후 자금을 늘릴 수 있다'라는 사실을 알고 iDeCo을 시작했습니다.

앞에서도 말한 것처럼 절세 효과가 있고, 로우 리스크로 착실하게 노후 자금을 만들 수 있는 iDeCo는 매우 훌륭한 제도입니다. 펀드와 같은 원금변동형 상품과 정기예금, 보험과 같은 원금보장형 상품을 조합하여 적립할 수 있습니다.

그러나 iDeCo는 일단 시작하면 원칙적으로 60세까지 계속해서 적립해야만 합니다. 7.5개월의 여력도 없이 매달 수십만 원의 적립을 시작해 버리면 가계 상황은 급격히 빠듯해집니다.

실제로 이 고객은 부부가 매달 46만 원씩 적립하기 시작했습니다. 결과적으로는 가계 지출이 수입을 넘어서는 상태가 되어 '쓰는 주머니'와 '모으는 주머니'에 돈이 없어지고 보너스로 돌려막으며 가계를 버티는 상황에 몰리게 되었습니다. 말 그대로 지금 이곳의 가계를 신중하게 고려하지 않고 절약 효과가 매우 크다, 리스크가 적고 자력으로 노후 자금을 늘릴 수 있다는 점만 보고 투자에 발을 들인 결과입니다. 아무리 세금 우대가 적용된다고 해도 내려간 만큼의 세금을 따로 모아 두지 않으면 이 제도의 이점을 누리고 있다고는 말할 수 없습니다.

이러한 상황이 되지 않도록 가계 상황을 정확하게 파악할 것, 투자에 돌려도 문제가 없는 여유 자금을 만들고 나서 시작할 것, 투자에 관해 공부할 것, 이 세 가지는 투자를 시작하기 전에 꼭 설정해 두어야 할 대전제입니다.

## 가격 변동이 적은 펀드를 추천

아이들에게 용돈으로 투자를 경험하게 할 때는 가격 변동이 적은 펀드가 좋습니다. 가계 재정의 경우처럼 여유 자금을 준비할 필요는 없지만, 용돈의 일부를 모으는 습관을 들이고 저축하여 투자를 경험한다는 흐름을 중요하게 생각해야 합니다. **스스로 마련한 자금을 운용해 보는 경험이 아이들의 금전 감각을 키워 주기 때문**입니다.

'용돈 정도의 돈으로 투자할 수 있을까?'라고 생각하는 분도 계시겠지만, 그 점은 걱정하지 않아도 됩니다. 인터넷 증권사에는 1,000원부터 살 수 있는 펀드 상품이 얼마든지 있습니다.

자녀와 함께 계좌를 만들고 '배운다기보다 익숙해지자'라는 자세로 투자를 시작해 보세요. 1,000원씩이면 국내 주식, 외국 주식, 신흥 국가의 주식 등 다양한 투자 대상의 펀드를 10개 사도 1만 원입니다.

만약 구매한 펀드의 가격이 내려간다 해도 손해는 최대 1만 원입니다. 갑자기 큰돈을 투자한다면 가격이 오르거나 내리는 데 일희일비하며 당황하거나 초조해지므로 판단을 그르치는 경우가 많습니다. 펀드의 가격은 주식만큼 크게 오르고 내리지 않기 때문에 소액 투자라면 차분하게 생각할 수 있습니다. 부모가 자녀와 함께 운용에 관해 살펴보면 지식이 쌓이고 점차 투자 상품의 가격 변동에도 익숙해질 것입니다. 아이들 역시, 좋은 의미로 돈과 친해지는 아이로 성장할 수 있겠지요.

# 기간이 길수록
# 복리가 힘을 발휘한다

실제로 투자를 시작하기 전에 알아 두었으면 하는 사항이 있습니다. 바로 '단리'와 '복리'입니다. 여러분은 이 두 단어의 차이를 자녀에게 정확하게 설명할 수 있나요? 단순하게 나누면 다음과 같습니다.

- 단리: 원금 + 이자.
- 복리: '원금 + 이자' 전체에 이자가 붙는다.

    1,000만 원을 연이율 3%로 10년간 운용하는 경우를 생각해 봅시다.
    단리로는 매년 30만 원씩의 이자가 붙습니다. 즉 '1,000만 원 +

30만 원×10년'이므로 10년 후에 수령할 금액은 1,300만 원입니다.

한편, 복리로 운용하는 경우는 어떻게 될까요? 1년 후 1,030만 원이 될 때까지는 단리와 같습니다. 그러나 2년 째에는 1,030만 원에 3%의 이자가 붙습니다. 그런 방식으로 그다음 해 이후에도 계속 이자가 붙으면 10년 뒤 수령액은 약 1,343만 원이 됩니다. 단리와 비교하면 40만 원 이상 많은 운용 이익을 얻을 수 있지요.

**복리로 운용하면 원금이 매년 증가하는 꼴이므로 받을 수 있는 이자도 매년 증가합니다.**

단리와 복리에서 얻을 수 있는 이자의 차이는 운용하는 기간이 길면 길수록 커집니다. 예를 들어 1,000만 원을 연이율 3%로 30년 동안 운용하는 경우 다음과 같습니다.

- 단리: 1,900만 원.
- 복리: 2,430만 원.

처음에는 크게 차이 나지 않지만, 최종적으로는 큰 차이가 생깁니다. 이 단리와 복리의 차이를 정확하게 알고 있는지에 따라 금융 상품을 선택하는 방법이 달라집니다.

돈이 돈을 벌게 하려면 복리가 압도적으로 유리합니다. 금융 기관이나 증권 회사에 따라서는 "매달 조금씩 배당을 받을 수 있습니다"라며 매월 분배형 상품을 권하는 경우도 있습니다. **매월 분배형의 펀드는 유리하게 보이지만 알고 보면 손해인 경우도 있습니다.** 왜냐하면 분배금에 세금이 부과되기 때문입니다. 일반적이라면 1년에 한 번 들어올 분배금이 매달 들어오면 세금 면에서 비용이 증가하고 투자 효율이 낮아집니다.

또, 투자 환경이 양호하여 수익을 올릴 때라면 몰라도 시세가 좋지 않고 펀드가 충분히 수익을 내지 못하면 분배금을 매달 주기가 부담됩니다. 그러면 운용 수익에서 분배금을 내놓는 것이 아니라 원금을 깎아 분배금을 마련하게 됩니다. 원금을 깎아 낸다면 적립 투자의 의미가 없겠지요.

## 복리는 눈덩이처럼 불어난다?!

**아이들에게 복리를 설명할 때는 '눈사람' 만들기를 예로 들면서 설명하면 이해하기 쉽습니다.**

작게 뭉친 눈덩이를 눈 위에 데굴데굴 굴리면 한 바퀴 굴릴 때마다 그만큼 커집니다. 그 상태로 2회전, 3회전 굴리면 작았던 눈덩이가 서서히 커져 눈사람의 몸통 부분이 되겠지요.

데굴데굴 굴렸을 때 주변에 점점 들러붙는 눈이 이자입니다. 그리고 눈이 붙은 눈덩이를 계속 굴려 크게 만들어 가는 모양새가 복리에 의한 운용을 나타냅니다.

반대로 단리는 눈을 주변에서 끌어모으는 방식입니다. 열심히 노력하면 큰 눈사람을 만들 수는 있지만, 그 눈을 모으는 작업 이상으로 눈사람이 커지지는 않습니다.

복리의 좋은 점은 **운용하는 햇수가 길어질수록 이자도 증가한다는 사실입니다.** 이것은 눈덩이와 마찬가지입니다. 처음에는 소프트볼 크기였던 눈덩이가 10번 정도 굴리면 축구공보다 커집니다. 게다가 크기가 커질수록 한 번 굴릴 때 들러붙는 눈의 양도 많아지겠지요.

참고로 복리로 돈이 불어나는 묘미를 실감하려면 운용을 시작하여 10년 정도 지나야 합니다. 시간을 들이면 들일수록 눈사람은 커지는데, 어느 순간 '아니, 이렇게 커졌어?' 하고 놀라는 시기가 오겠지요.

# 투자에서
# 시간은 신

시간은 신입니다. 저 역시 펀드로 장기분산 적립 투자를 18년간 계속하고 있는데, 자산도 눈사람처럼 순조롭게 불어나고 있습니다. 복리의 효과를 구체적인 숫자로 확인하면서 계속 운용하면 '시간은 신'이라는 사실을 더욱 절실히 느끼게 됩니다.

**이 책의 제목처럼 열 살인 아이가 매달 5,000원씩 장기분산 적립 투자를 시작한다는 상상만 해도 마음이 설렐 정도입니다.**

중학생까지는 용돈과 세뱃돈 범위 안에서 투자를 하겠지요. 하지만 그 5년 동안 돈이 불어나는 상황을 아이가 실감하고 아르바이트를 시작한다면 투자액도 조금씩 늘릴 수 있겠지요. 시간이 지나 직장을 다니고 매달 적립액을 10만 원, 20만 원 이렇게 늘려가면 서른

살이 될 때쯤에는 수천만 원의 저축이 생긴다 해도 이상하지 않습니다.

실제로 제 아이들은 중학교나 고등학교 때부터 펀드를 활용한 장기분산 적립 투자를 시작했습니다. 매달 적립 금액이 적기 때문에 아직 눈부신 숫자는 아니지만, 아이들에게는 시간과 복리라는 신이 함께 있습니다. 열 살부터 투자를 시작하여 예순을 목표로 잡으면 50년이라는 시간을 확보할 수 있습니다.

월 10만 원을 연이율 3%로 50년 동안 운용한다고 해 봅시다. 원금 6,000만 원에 대한 운용 이익이 약 7,750만 원입니다. 물론 그사이에 대학에 입학하고, 자동차나 집을 사고, 결혼을 하고, 아이가 태어나는 등 돈이 필요한 일이 생기겠지요. 그래도 장기분산 적립 투자만큼은 멈추지 말고 계속 키워나가라고 조언합니다. 처음에 목표로 잡았던 시점까지 성실하게 키워나가면 큰 나무 열매를 수확하듯 목돈을 손에 쥘 수 있기 때문입니다.

**미래의 자신에게 돈을 보낸다는 생각으로 꾸준히 투자하여 시간과 복리의 신을 내 편으로 만들어 보세요.**

돈이 일하는 시간이 늘어나는 만큼 그 시간과 복리의 힘으로 돈이 불어납니다.

투자에 익숙해지면 금융 위기 상황에서 전반적으로 시세가 떨어질 때 펀드를 사들이는 테크닉도 쓸 수 있게 됩니다. 그러면 리스크는 그리 크지 않은 상태에서 연이율 5% 정도의 수익을 올리며 운용할 수 있습니다.

월 10만 원을 연이율 5%로 50년 동안 운용하면 2억 원이 넘는 운용 이익이 생겨 전체 금액은 2억 6,600만 원을 넘는 액수가 됩니다. **장기 투자에서 시간은 돈과 같은 가치를 가지기 때문입니다.**

## 적립 투자의 장점

투자 초보자가 처음으로 운용을 시작하려고 때 '지금이 투자에 적당한 때인가'라는 걱정을 하는 분이 있습니다.

리먼 쇼크와 같은 폭락 직후에 운용을 개시하는 것은 용기가 필요한 일입니다. 또, 닛케이 평균 주가가 2만 엔대를 회복한 이후는 얼마 안 가 다시 떨어질지도 모른다는 불안이 늘 따라다녔습니다. 그러나 저의 지론은 **'언제 투자를 시작해도 문제는 없다'** 입니다.

운용을 시작하는 타이밍에 신중해야 하는 사람은 한 번에 큰돈을 투자하려고 하는 사람뿐입니다. 수천만 원의 펀드를 한 번에 구매하는 경우라면, 높은 가격에 사들여 장기간에 걸쳐 자산 손실을 떠안게 될 위험이 있습니다. 그러나 '분산', '적립', '장기' 투자라면 그런 위험은 큰 폭으로 줄어듭니다.

적립 방식은 조금씩 투자액을 늘려가는 형태이므로 시간상으로도 분산이 됩니다. 가격이 높을 때는 구매 수량이 적어지고, 가격이 낮을 때에는 많이 구매하게 되어 변동하는 가격에 대응할 수 있습니다(이것에 대해서는 다음에 자세하게 설명합니다). **즉, 가격 변동과 상관없**

**이 매달 정해진 금액만큼 계속 구매하면 결과적으로 평균 구매 단가를 제어하게 됩니다.** 실제로 펀드를 20년 동안 계속 보유해서 손실이 나는 사람은 거의 없고, 대부분이 2~8%의 이익을 낸다는 데이터가 있습니다.

펀드도 국내 주식 중심, 외국 주식 중심, 채권 중심 등으로 상품을 분산하면 한쪽이 떨어지더라도 한쪽이 올라가는 방식으로 조정되어 손실을 적극적으로 막을 수 있습니다.

아이들은 많은 시간이라는 자산을 가지고 있습니다. 조금이라도 빨리 '돈이 일하게 한다'는 의미를 알려 주어야 합니다. 분산, 적립, 장기라는 투자의 대원칙을 지키면서 시간과 복리를 내 편으로 만들게 도와주세요.

# 리스크를 '위험성'이라고 가르쳐서는 안 된다

투자에는 리스크가 있다는 사실은 이미 알고 계시겠지요. 그러면 여기서 한 가지 질문이 있습니다. 당신은 '리스크'라는 말을 어떻게 해석하여 아이에게 알려 주겠습니까?

'위험성'이라고 가르쳐 주는 분이 대부분이겠지요. **그러나 투자의 세계에서 리스크는 '불확실성'이라는 의미로 쓰입니다.** 즉, 하이 리스크란 '위험성이 높다'가 아니라 '불확실성이 높다'라는 의미입니다. 다시 말해 '이익을 얻을 가능성도 크지만, 손해를 볼 가능성도 크다'라는 뜻입니다.

투자의 대상이 되는 금융 상품은 크게 다음 두 가지로 구분할 수 있습니다.

- 하이 리스크 / 하이 리턴

불확실성이 높지만, 이익이 크게 발생할 가능성이 있다. 금융 상품으로 말하면 주식이나 FX(외환 증거금 거래), 부동산 투자 등이 있다.

- 로우 리스크 / 로우 리턴

불확실성이 낮지만 돌아오는 이익은 적다. 적립식 펀드나 국채 등이 있다.

저도 투자를 시작한 지 18년이 되었는데, 다행히 현재 시점에서 큰 손실은 입지 않았습니다. 지금까지 투자한 돈은 이율 7% 정도로 수익을 냈습니다.

저는 직업적 연구를 위해, 그리고 개인적인 호기심을 채우기 위해 다양한 투자를 경험해 보았습니다. 주식, 채권, 펀드를 시작으로 금이나 백금 투자, FX, 외화 저축, 부동산 투자 등의 하이 리스크 하이 리턴 투자도 경험해 보았습니다. 또 수상한 투기형 상품에 손을 댄 적도 있습니다.

모두 투자 액수가 크지는 않았지만, 하루 만에 직장인의 한 달 월급 정도를 번 적도 있는가 하면 비슷한 규모로 실패한 적도 있습니다. 과감하게 샀던 주식이 3분의 1로 떨어지기도 하고, 원금 분할된 채 날아가기도 했으며, 투자한 돈의 절반이 다음 날 사라지기도 했습니다.

그런 날이면 머릿속은 잃은 돈으로 가득 차 한동안 일이 손에 잡히지 않는 상태가 되어 버립니다. 돈을 벌었을 때도 '공돈'으로 여기게 됩니다. **생각지 못했던 돈이 수중에 들어오면 금세 어디론가 사라져버**

**리지요.** 이런 경험을 해 보았기에 말할 수 있는, 투자 리스크에 대해 저만의 해석이 있습니다.

| 리스크와 수익의 관계 |

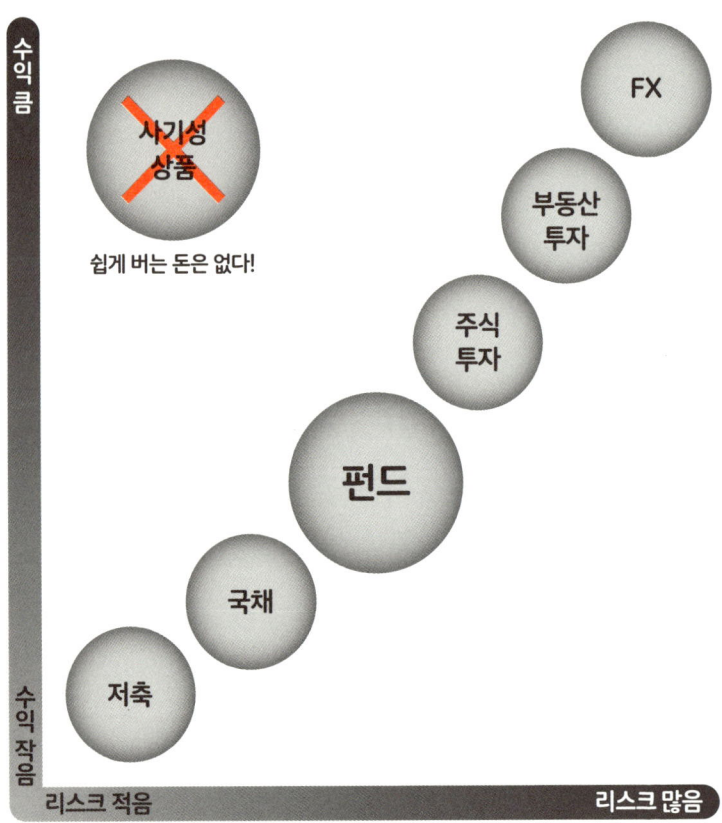

확실한 기준 없이 투자를 하면 돈의 움직임이 보이지 않습니다. 어느 정도의 이율로 운용되는지 알 수가 없다는 말이지요. 또, 투자한 금액이나 돌아오는 금액조차 애매하게 됩니다.

### 빨리 시작할수록 자산은 크게 성장한다

한편, 단기간에 높은 수익을 노리지 않고 조금씩 키워 간다는 생각으로 투자를 계속하면 착실하게 돈을 불릴 수 있다는 사실도 몸소 실감하고 있습니다.

이 책을 읽는 여러분은 지금부터 투자를 시작할 아이가 미래를 위해 커다란 나무를 키워 가기를 바라시겠지요. 그렇다면 펀드를 활용한 장기분산 적립 투자를 추천합니다. 로우 리스크, 로우 리턴이며 돈의 움직임이 잘 보이기 때문이지요.

아이들이 성장하여 어른이 될 즈음이면 일본은 상당히 어려운 상황이 되어 있을지도 모릅니다. 사회보장 시스템도 어렵기는 마찬가지이겠지요. 그러기에 꾸준한 성장세가 보이는 펀드로 장기분산 적립 투자를 실천하여 시간을 내 편으로 만들 준비를 해 두면 좋겠습니다.

"열 살에 시작한 투자가 지금 이렇게 성장하고 있단다"라고 실제 숫자를 보여 주면서 말해 줄 수 있다면 투자의 장점을 자연스럽게 인식하겠지요.

| 매달 23만 원 투자하면 얼마가 될까? |

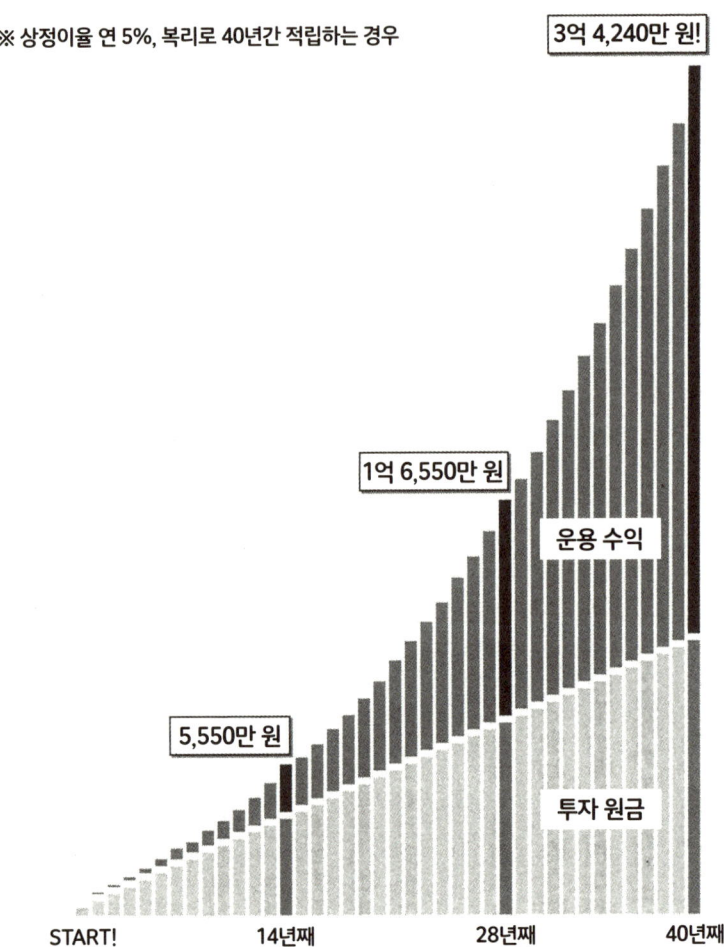

# '하지 않는 리스크'에 대해서도 알려 주자

리스크(불확실성)가 낮은 장기분산 적립 투자라도 시기에 따라서는 손해를 볼 때도 있습니다. 가계 재무 상담을 할 때 그렇게 말해 주면 "손해 볼 가능성이 있다면 저는 투자하지 않고 저축만 할게요"라고 답하는 분도 있습니다. 물론 그것도 하나의 방법입니다.

그러나 저축만 하더라도 리스크는 있습니다. 왜냐하면, 지금은 역사상 최초라고 할 정도의 초저금리 시대이니까요. 조금 전문적인 이야기가 되겠습니다만, 일본은행(일본의 중앙은행)은 2016년 1월에 '마이너스 금리 채택, 양적, 질적 금융 완화' 정책을 도입했습니다. 이후 금융 기관이 일본은행에 맡기는 돈의 일부 금리가 마이너스가 되었기 때문에 우리의 예금과 적금의 금리도 거의 제로라고 할 수 있을 정도로 낮은 상태가 되었습니다.

현재 40대, 50대인 분들은 기억하시겠지만 1990년대까지의 일본은 금리가 무척 높아 우체국이나 은행의 계좌에 넣어 두기만 해도 돈이 불어났습니다. 100만 원을 저축하면 1년 뒤에는 150만 원이 되었지요. 그런데 지금은 100만 원을 저축해도 받을 수 있는 이자는 미미합니다. 저축만으로는 돈이 불어나지 않습니다.

그래도 은행에 맡겨둔 예금과 적금은 원금 손실은 없을 테니 투자보다는 안전하게 보입니다. 다만 장기간으로 보면 액면이 줄지 않아도 실질적으로 예금과 적금이 상대적으로 줄어들고 있을 가능성이 있습니다.

일본에서는 물건의 가치가 내려가고 임금도 내려가는 디플레이션 경향이 오랫동안 계속되고 있습니다. 디플레이션에서 빨리 빠져나가기 위해 마이너스 금리 정책을 쓰고 있지만, 지금 상황에서 그 효과는 한계가 있습니다. 초저금리 시대는 당분간 이어질 듯합니다.

그러나 **장기적으로 보면 언젠가는 디플레이션이 끝나고 인플레이션이 시작됩니다. 그러면 물가가 오르고 상대적으로 예금, 적금이나 현금의 가치가 떨어질 것입니다.** 간단하게 말하면 지금까지 10만 원으로 살 수 있었던 물건이 12만 원이 되면 내가 가진 10만 원의 가치는 2만 원만큼 떨어집니다.

이 정도까지 극단적이지는 않겠지만 물가 상승률 2%인 인플레이션이 1년간 지속되면 1,000만 원의 예금, 적금의 가치는 실제 980만 원으로 내려갑니다. 저축해 둔 액수가 줄어들지 않아도 돈 자체의 가치가 떨어져 버립니다. 이것을 인플레이션 리스크라고 합니다.

## 투자를 할 때 명심해야 할 네 가지 마음가짐

지금까지 1만 원으로 살 수 있었던 프랑스산 와인을 환율 때문에 1,500원을 더 내야 살 수 있게 된다면 상대적으로 가지고 있는 현금이나 예금, 적금의 가치가 떨어집니다.

마이너스 금리 정책으로 초저금리 시대가 계속되는 가운데, 우리는 은행에 돈을 저축해도 전혀 불어나지 않는 사회에 살고 있습니다. **그러므로 돈을 은행에 단순히 저축하는 것은 일종의 리스크라고 말할 수 있습니다.** 특히, 아이들이 가진 시간이라는 무기를 소용없게 만들어 버리는 일이지요.

똑같이 리스크가 있다면 가능한 한 리스크를 최소로 줄이면서 예금과 적금보다는 높은 이율로 운용하는 편이 유리하겠지요. 예를 들어 이율 3%로 장기분산 적립 투자를 실행하면 복리와 시간이 인플레이션이나 원화 약세의 리스크를 대비해 줍니다.

마이너스 금리인 상황에서는 예금과 적금으로 자산을 보유하기보다는 펀드를 적립하는 편이 효율적입니다. 어른에게는 가계 방어 수단의 한 가지로, 아이들에게는 미래의 리스크를 피하고 자산을 늘리는 수단으로 '투자'를 해 보세요. 다만, 지금까지 계속 말한 것처럼 투자를 하려면 몇 가지 준비해야 할 점이 있습니다.

- 돈을 사용하는 기준을 세울 것.
- 가계의 매달 수지가 흑자일 것.
- 만일의 상황에 생활을 유지할 수 있는 생활 방어 자금이 준비되어 있을 것.
- 단기간에 벌겠다는 투기적인 투자를 하지 않을 것.

반대로 말하면, 이 준비가 되어 있는데 투자를 하지 않는 것은 '하지 않는 리스크'를 안고 있다는 말이 됩니다. 장기화되는 이 저금리 시대에 맞추어 무리하지 않고 현명하게 자산 형성을 해 나가도록 합시다.

# 어떤 상품에
# 투자하면 좋을까?

　제가 추천하는 투자는 소중한 돈을 조금씩이라도 안전하게 늘리기 위한 방법입니다. '주식을 싸게 사서 비쌀 때 팔아 단기적으로 큰돈을 벌어야지', 'FX로 500만 원이 3,000만 원으로 불었어! 일확천금이야!' 이런 투자와는 다릅니다. 시간을 들여서 작은 묘목을 심고 천천히 크게 키워 가는 모습입니다. 그러므로 어느 정도 투자 경험이 있는 사람에게는 어딘가 부족하게 느껴질지도 모르겠습니다.

　하지만 투자에 처음 도전하는 아이나 부모님, 되도록 손해를 보고 싶지 않다고 생각하는 분, 오랜 시간에 걸쳐 미래를 위해 돈을 모으고 싶은 분에게 가장 적당한 방법입니다. 여기서는 장기분산 적립 투자 중에서도 구체적으로 어떤 상품에 투자하면 좋을지 알려 드리겠습니다.

위에도 소개한 것처럼 세상에는 많은 금융 상품이 있습니다. 리스크가 높은 상품의 대표적인 예는 FX나 CFD* 거래입니다. 그 외에 주식 투자, 금 투자, 부동산 투자 등도 리스크가 높은 투자라고 할 수 있습니다. 반대로 리스크가 낮은 상품은 예금, 적금이나 개인용 국채, MMF**, 적립식 펀드, ETF*** 등이 있습니다.

이 중에서 작은 묘목을 크게 키우는 장기분산 적립 투자에 적당한 상품이 적립식 펀드입니다. 앞에서 말한 것처럼 핵심은 '분산', '적립', '장기' 이 세 가지입니다.

첫 번째는 분산입니다. '달걀을 한 바구니에 담지 말라'는 미국의 유명한 속담이 있지요. 모아둔 달걀을 하나의 바구니로 운반하면 떨어뜨렸을 때 모두 망가지니 투자의 세계에서는 '하나에 전부를 걸지 말라'라는 의미로 사용합니다. 즉, 분산 투자를 하라는 뜻이지요.

예를 들어 여유 자금을 한 회사의 주식에 전부 투자했는데, 그 회사가 불상사로 경영 위기에 빠진다면 주가도 폭락하겠지요. 그 일로 회사가 도산하면 주식도 종잇조각이 된다는 최악의 전개도 생각할

---

\* CFD(Contract for Difference): 실제 투자 상품을 보유하지 않고 매매 차익만 현금으로 결제하는 거래.

\*\* MMF(Money Market Funds): 단기 금융 상품에 집중투자 해 단기 금리의 등락이 펀드 수익률에 바로 반영되는 초단기공사채형 금융 상품.

\*\*\* ETF(상장 지수 펀드): 인덱스 펀드를 거래소에 상장하여 투자자가 주식처럼 거래할 수 있게 만든 상품. 인덱스 펀드와 주식을 결합한 것.

수 있습니다. 반면 펀드는 쉽게 '한국 주', '외국 주', '한국 채권', '외국 채권' 등으로 분산하여 투자할 수 있습니다.

주식과 채권의 가격 변동은 기본적으로는 시소와 같은 관계이므로 금리가 오르면 채권은 가치가 떨어지고 주가가 올라갑니다. 금리가 떨어지면 채권 가격이 오르고 주가가 낮아지지요. 즉 **양쪽을 모두 보유하면 리스크를 분산할 수 있다는 말입니다.**

## 성장하는 나라에 관심을 가진다

두 번째는 적립입니다. 적립 투자는 적은 돈으로 시작할 수 있다는 장점이 있습니다. 갑자기 몇백만 원씩 투자에 돌릴 자금이 없더라도 인터넷 증권사가 취급하는 적립식 펀드라면 매달 1,000원부터도 시작할 수 있습니다. 자녀의 용돈이라도 무리 없이 시작할 수 있다는 말입니다. 또 적립식으로 구매하면 상품의 가격 변동에도 유연하게 대응할 수 있습니다.

만약 매달 10만 원씩 어떤 펀드를 샀다고 합시다. 처음에는 10만 원으로 1만 좌를 샀는데, 서서히 가격이 올라 어떤 달에는 1만 좌에 15만 원이 됩니다. 그러면 10만 원으로 살 수 있는 수량은 6,666좌가 됩니다.

반대로 가격이 내려가 1만 좌가 5만 원이 되는 달에는 2만 좌를 살 수 있습니다. **가격이 오르면 적게, 가격이 내리면 많이 살 수 있다는**

점이 정액 적립식 구매의 이점입니다. 결과적으로는 매입 단가를 평균화하므로 장기간에 걸쳐 안정된 투자를 할 수 있지요. 이런 매입 방법은 '달러코스트 에버리지'라고 부릅니다. 또 적립에는 앞에서 설명한 시간의 '분산' 효과가 포함되어 있다는 것도 큰 이점입니다.

세 번째는 장기입니다. 단기로 투자를 실행하고 결과를 기대하면 아무래도 이기느냐 지느냐를 따지는 도박같이 생각하게 되고, 하이 리스크, 하이 리턴인 상품에 손을 대게 됩니다. 또, 투자에서 이기려면 쌀 때 사서 비쌀 때 팔아야 하는데, 이런 타이밍을 가늠해 투자하기는 전문가에게도 어려운 일입니다. '90%의 패자와 10%의 승자'로 나뉜다고 하지요.

몇 개월의 가격 변동에 동요하여 조금 이익이 난다고 바로 이익을 확정 짓거나 조금 손실이 있다고 손을 놓아 버리면 묘목이 크게 성장할 수 없습니다.

**투자의 세계에서는 '시장은 성장한다'라는 대전제가 있습니다.** 지난 역사를 돌아보면 몇 번의 대공황이나 대폭락에 세계 경제가 타격을 입기도 했지만, 곧 기세를 되찾고 시장도 계속 성장해 왔습니다. 펀드를 통한 장기분산 적립 투자를 활용하면 세계 경제의 성장 흐름을 타고 묘목을 크게 키울 수 있습니다.

세계 경제의 성장을 떠받치는 것은 인구 증가입니다. 기본적으로 인구가 증가함에 따라 그 나라의 GDP(국내 총생산)가 높아지고 시장도 성장한다는 사실은 과거의 역사가 증명합니다.

일본에서는 저출산 고령화가 계속되지만, 세계 대부분 국가에서는 인구가 증가하고 있습니다. 현재 전 세계 인구는 약 77억 명 정도이며, 2050년에는 100억 명에 달할 것이라고 합니다. 그러므로 브라질, 중국, 남아메리카, 인도 등의 신흥 국가의 주식을 모아 놓은 펀드를 선택하면 인구 증가에 따른 성장을 내 편으로 만들 수 있겠지요. 게다가 장기로 투자를 하면 '복리'의 효과도 더욱 확실히 드러난다는 장점도 있습니다.

## 돈을 불리는 방법은 전문가에게 맡겨라

펀드를 간단하게 설명하면 '투자가로부터 모은 자금(펀드)을 전문가가 주식이나 채권 등으로 운용하고 성과에 따라 수익을 투자가에게 분배하는 금융 상품'입니다. 여기서 말하는 전문가란 펀드의 운용을 전문으로 실시하는 펀드 매니저입니다. 그들은 금융 상품이나 마켓에 정통하며 어떻게 하면 수익을 내고 리스크를 줄일 수 있는지 잘 알지요. **전문가에게 맡기면 초심자라도 안심하고 장기 투자를 할 수 있습니다.**

그중에서도 제가 추천하는 상품은 '인덱스 펀드'입니다. 시장 전체의 지표(인덱스)에 연동하여 가격이 움직이는 것을 목표로 합니다. 전문가가 투자처를 선택하는 것이 아니라 시장의 움직임에 맞추어 기계적으로 투자하므로 코스트가 줄어듭니다. 그것을 적립식으로 운용하지요.

일본 주식의 인덱스 펀드는 닛케이 평균 주가(일본을 대표하는 225 종목의 주가 변동의 평균)나 TOPIX(도쿄 증권거래소 1부에 상장한 모든 종목의 주가 변동 지수)에 연동하도록 설계되어 있습니다. 인덱스 펀드는 분산 투자가 가능하고, 단순해서 알기 쉬우며, 저비용이라는 장점이 있습니다. 인덱스 펀드를 잘 모르는 사람은 펀드 매니저가 일본 주식, 외국 주식, 일본 채권, 외국 채권을 균형 있게 패키지로 모아놓은 '밸런스형'이라는 인덱스 펀드를 선택하면 손쉽게 분산 투자를 구현할 수 있습니다.

그러므로 저는 "초보자에게 추천할 만한 투자처를 한 가지 알려 줘"라는 말을 들으면, "적립식 밸런스형 인덱스 펀드로 판매 수수료가 들지 않는 노로드(무료) 상품"이라고 답해 줍니다.

덧붙여, **자녀가 "펀드가 뭐야?"라는 질문을 한다면 "전 세계에서 열심히 노력하는 회사를 모아 놓은 깜짝 선물 주머니"라고 설명해 주세요.**

매달 수천 원씩 용돈에서 떼어 그 주머니에 넣어 두면 관리자가 다른 사람의 돈과 합쳐서 조금씩 불려 주며, 일본에 있으면서도 세계에서 중요한 일을 하는 사람들을 응원하는 역할을 할 수 있다는 사실도 함께 알려 주면 좋겠습니다. 구매한 뒤에는 '○○만 원이 될 때까지 적립하겠다', '○살이 될 때까지 계속하겠다'와 같은 목표를 정하고 가만히 내버려 두세요. 그 사이에 불황이 오든 호황이 오든 일희일비하지 않고 잊어버리세요. '사용할 때까지 묵혀두자'라는 태도로 꾸준히 키워 나가 봅시다.

# 투자와 도박은
# 뭐가 다를까?

2장에서는 가계 지출을 '소비', '낭비', '투자' 이렇게 세 가지로 나누어 이야기했습니다. 성실한 분일수록 낭비를 0에 가깝게 만들어야겠다고 생각합니다. 그러나 저는 절약을 권하는 금융 자산 관리사이지만 낭비를 0으로 만들 필요는 없다고 생각하므로 "낭비는 가계 전체의 5% 이내로 조절합시다"라고 말해 줍니다. 왜냐하면, 인생에는 여유가 필요하기 때문입니다.

모든 일에 엄격한 제한을 두고 관리하면서 철저하게 지키려고만 하면 숨이 막힙니다. 물론 어디에 썼는지 모르게 지출이 늘어난다면 큰 문제이지만, **미리 낭비의 범위를 정해 둔 뒤에 그것을 염두에 두고 쓰는 정도는 괜찮다**고 생각합니다.

자녀의 용돈도 마찬가지입니다. "쓸데없는 데에 돈을 쓰면 아깝잖아!"라고 혼내기보다는 처음부터 불필요한 데에 써도 괜찮을 정도의 테두리를 정해 두고 그 범위 안에서라면 장난감 뽑기로 운을 점쳐 보든, 과자 가게에서 돈을 써 버리든, 금세 질릴 것 같은 장난감을 사든, 눈감아 주세요. 아이가 스스로 '이건 별로 필요 없네'라며 진심으로 깨달으면 다음부터는 그와 같은 불필요한 지출을 반복하지 않을 것입니다.

이제 투자와 도박에 관한 이야기를 해 보겠습니다.

저는 도박에 돈을 쓰는 것을 반대하지 않습니다. 이유는 '낭비'와 마찬가지입니다. 경마, 경륜과 같은 합법 도박, 일확천금을 꿈꾸는 복권, 토토, 넘버스(일본 복권의 한 종류-옮긴이 주), 시간 보내기용 파친코, 슬롯머신 등, 모두 가계 재정에 계획해 둔 낭비의 5%, 또는 자기 용돈 범위 안에 들어간다면 문제가 될 것이 없습니다. 마권이나 차권을 손에 쥐었을 때의 두근거림, 복권 추첨을 기다리면서 당첨의 순간을 꿈꾸는 설렘, 확률이 변동될지도 모른다며 회전하는 룰렛을 지켜보는 시간, 이 모두가 우리 인생의 양념이 되는 자극입니다. **스트레스를 해소하고 다시 생업이나 가사로 돌아갈 수 있다면 낭비도 불필요한 것만은 아니겠지요.**

다만, 젊은 시절의 저처럼 아르바이트 급여가 들어 오면 파친코에 가고, 돈을 따면 친구들에게 고기를 사고, 돈을 잃으면 무일푼이 되었다고 억울해하며 다음날 다시 생활비를 쪼개 도박을 하러 간다면 최악입니다. 어디까지나 정해 놓은 테두리 안에서 오락으로 즐기는 정도여야 하겠지요.

## 투기를 하려면 '낭비' 범위 안에서

도박적 요소가 높은 투자도 마찬가지입니다. 가계 재무 상담을 받으면서도 FX나 가상 화폐 등을 이용해 돈을 벌었다는 이야기가 미디어를 통해 많이 나오면 "저도 해 보고 싶어요"라고 말하는 사람이 점점 많아집니다.

그러나 저는 모두 완전히 도박이라고 생각합니다.

FX란 외환 증거금 거래를 말하는데 미국 달러나 유로, 파운드 등 외국의 통화 가격 변동을 예측하여 매매하고 환차익을 노리는 것입니다.

가상 화폐는 지폐와 같은 형태가 있는 것이 아니라 전자 데이터입니다. 요즘 자주 언급되는 비트코인도 그중 하나입니다. 원이나 달러 등의 법정 통화와 교환할 수 있고, 일부 가게나 서비스 결제에도 이용할 수 있습니다.

주식과 마찬가지로 거래 가격에 따라 가치가 변하며 가격 변동이 심하다는 특징이 있습니다. 10만 원으로 산 가상 화폐의 수요가 높아져 20배인 200만 원으로 가격이 올랐다고 하면 190만 원을 벌어들인 셈입니다. 그러나 다른 투자 상품처럼 수요와 공급을 반영하지 않으므로 가격 예측이 매우 어렵습니다. 붐이 과열되던 시기에는 자산 10억 원이 넘는 돈을 쏟아부어 거의 다 잃은 사람도 있었습니다. 나의 미래를 준비하는 투자로 실행할 만한 것이 아닙니다. FX나 가상 화폐 등에 거금을 투자하는 일은 반드시 피해야 합니다.

그러나 실제로 투자에 어느 정도 경험을 쌓으면 가상 화폐 같은 새로운 흐름에 올라타지 않으면 손해일 것 같다는 생각도 듭니다. **만약 아무리 생각해도 도전해 보고 싶다면 낭비의 범위 안에서 아니면 용돈 등 가계에 영향을 주지 않는 범위에서 '이런 투자도 있구나'라고 견문을 넓히는 정도로만 해 봅시다.**

저는 아이에게 재산을 남길 생각은 없지만, 자산을 만드는 방법은 가르쳐 주려고 합니다. 우리 부모 세대가 살아온 시대와는 다르게 돈을 모으는 방법이나 사용하는 방법이 바뀌었습니다. 그 점을 잘 알고 돈과 친해지지 않으면 어려운 처지에 놓일 수도 있다는 사실을 꼭 알려 주어야 하겠지요. 그러기에 투자는 로우 리스크, 로우 리턴이 철칙입니다.

# 보험의 역할을 아이에게 설명할 수 있나요?

'저축은 삼각형, 보험은 사각형'이라는 말을 들어 본 적이 있나요? 저축은 돈을 조금씩 적립해 가기 때문에 시간의 경과에 따라 잔액이 많아지는 삼각형이 됩니다. 이에 비해 생명 보험은 시간의 경과와 관계없이 가입한 시점에서 받을 수 있는 금액(보장액)이 일정하여 도형으로 치면 사각형이 됩니다.

매달 30만 원씩 적립하면 1년 후 저축은 360만 원이 됩니다. 만약 이 시점에서 사고를 당했을 때 인출할 수 있는 금액도 360만 원입니다.

그러나 생명 보험은 가입한 지 1개월 뒤에 사고를 당하더라도 정해진 금액의 보장을 받을 수 있습니다. 지불한 보험료가 30만 원이라도 계약한 보장액이 1,000만 원이라면 1,000만 원의 보장을 받을 수 있다는 말입니다.

그래서 '저축은 삼각형, 보험은 사각형'이라고 하지요. 보험료를 한 번만 지불하더라도 언제든지 확실하게 큰 안심과 보장을 손에 넣을 수 있습니다. 그러므로 저축이 적은 젊은 나이에는 현금이 부족해질 수 있는 예상치 못한 사태를 대비하여 보험은 매우 도움이 된다고 하겠습니다.

여기까지는 보험 영업 직원이 보험을 권유할 때 하는 이야기와 거의 같지요. 일본의 많은 회사원은 젊은 시절에 이런 보험 영업을 접하고 '주위의 다른 사람도 보험에 들었기 때문에', '담당자가 좋은 사람 같아서'와 같이 의외로 가벼운 이유로 생명 보험에 가입합니다. 그 결과, 가계 재무 상황을 점검할 때 불필요한 고정비 지출 베스트 3에 '보장 내용을 잘 모르면서 가입한 생명 보험료'가 들어가게 되었지요.

생명 보험이란 사람과 관련된 보험의 총칭입니다. 그 목적은 크게 나누면 세 가지가 있습니다.

- **사망**: 사망했을 때 유족의 생활을 보장한다.
- **의료**: 살아 있을 때의 리스크를 줄인다.
- **저축**: 노후 자금이나 교육 자금 등으로 준비한다.

생명 보험에 가입하거나 재검토할 때 생각해야 할 점은 '지금 자신에게 이 세 가지 보장이 모두 필요할까?'입니다. 필요한 보장은 '의료 〉 사망 〉 저축' 순이며, 세 가지 모두 필요한 사람은 그리 많지 않습니다. 가족 상황이나 생활 방식, 현재 가진 저축 등을 생각하여 종합적으로 판단해야 합니다.

## '보험으로 교육비를 모으기'를 권하지 않는 이유

만약 아이가 "보험은 왜 필요한가요? 어떤 방식으로 운용되나요?"라고 질문한다면 어떻게 알려 주면 좋을까요?

보험은 펀드와 조금 비슷한 방식이라고 할 수 있습니다. 많은 사람이 조금씩 돈(보험료)을 내고 모아서 공유하는 큰 지갑을 만들어 두지요. 이것을 보험 회사가 관리하면서 돈을 낸 사람 중 누군가가 병이 나거나 다치거나 아니면 사망했을 때 큰 지갑에서 돈을 꺼내 보험금으로 내어 준다는 구조입니다.

이렇게 들으면 '곤란한 상황에 서로 도와주는 방식이구나'라고 생각할지도 모르겠지만, **원래 생명 보험이란 보험료로 낸 돈이 손실이 날 가능성이 큰 '도박', 조금 더 좋게 말해도 그야말로 '보험'입니다.** 보장받을 수 있을지는 장래의 건강 상태에 따라 달라지기 때문입니다.

보험에 들지 않은 사람이 계속해서 건강하다면 '들지 않길 잘했다'라고 생각하겠지요. 반대로 건강에 자신이 있어서 보험을 들지 않았던 사람이 뜻밖의 부상이나 병으로 의료비나 휴업 부담이 가중

되어 금전적으로 힘들어지는 일이 생긴다면 '보험에 들어 둘 걸 그랬다'라고 생각합니다.

  기본적으로, 생명 보험 가입은 필수가 아닙니다. 만약 병이 나거나 가계를 이끌어가던 가장이 사망한다고 해도 필요한 돈이 저축으로 준비되어 있다면 보험에 들지 않아도 금전적인 문제는 일어나지 않습니다. 그러나 많은 사람이 그만큼의 저축이 생길 때까지 안심하기 위해 보험에 가입합니다. 단, 가입한 생명 보험의 보장 내용과 매달 지출하는 보험료가 그 사람의 생활에 적당한지 검토해 볼 필요가 있습니다.

  일본에는 공적 의료비 보조 제도인 '고액 요양비 제도'가 있습니다. 이것은 건강 보험이 적용되는 의료비라면 장기 입원 등으로 고액 청구되더라도 정해진 금액 이상은 개인이 부담하지 않게 하는 제도입니다.

  이 제도를 모르고 두둑한 의료 보장에 많은 보험료를 내고 있다면 그만큼을 저축으로 돌리는 것이 더 현명합니다. 단, 보험 진료 외의 치료비에는 고액 요양비 제도가 적용되지 않으므로, 자유 진료(공적 보험이 적용되지 않는 의료, 약제 치료 – 옮긴이 주)와 같이 보험이 적용되지 않는 치료가 많은 암, 급성 심근경색, 뇌졸중 3대 질병이 걱정이라면 가입을 고려해야 하겠습니다.

  이렇게 보험 선택은 그 사람이 처한 상황에 따라 정답이 바뀝니다. 자녀가 태어났을 때나 자신의 노후가 걱정될 때, 교육 보험이나 개인연금 보험 등의 저축을 목적으로 한 보험 가입을 고려해 보기도 하지요. 그러나 금융 자산 관리사의 눈으로 보면, **현재의 저축성 보험에는 좋은 상품이 없습니다.** 한 번 가입하면 도중에 인출할 수가 없는 유동성 나쁜 저축으로, 만기 전에 해약하면 원금이 손실되기도 합니다. 보험의 기본 장점은 가입한 시점에서 보장이 생긴다는 점이며, 실제로는 1만 명의 고객이 있다면 9,000명 이상은 손해를 봅니다. '제발 걸려라!'라는 생각으로 사는 복권과는 반대로, 보험은 "아무 일도 일어나지 않길!"이라는 생각으로 돈을 내는 아이러니한 상품입니다.

적립형 저축을 원한다면 펀드를 활용하는 장기분산 적립 투자를 추천합니다.

# 불로소득도
# 귀한 자산임을 가르쳐라

'인적 자본'과 '금융 자본'이라는 말을 들은 적이 있겠지요? 인적 자본이란 당신이 장래에 돈을 벌 수 있는 능력의 총계입니다.

간단하게 말하면 젊은 사람은 오랫동안 건강하게 일할 가능성이 크기 때문에 '인적 자본을 풍부하게 가지고 있다'라고 할 수 있지요.

금융 자본이란 벌어들인 돈을 모은 금융 자산(저축이나 금융 상품)을 말합니다. 부모의 재산을 물려받는 등 특별한 경우를 제외하면 젊은 사람은 금융 자산을 거의 가지고 있지 않습니다. 그러나 풍부한 인적 자본이 있기 때문에 예측하지 못하는 사태를 메꿀 수 있습니다.

그런데 우리는 누구나 나이를 먹습니다. 50대, 60대가 되어 인적 자본이 줄어들었을 때 중요해지는 것이 금융 자본입니다.

인적 자본이 풍부할 때 어떤 방법으로 모으고 불려 두어야 할까요? 이 점을 생각하면 저축과 투자의 역할이 커지겠지요.

우리 부모님 세대에는 주식 투자로 얻은 이익이나 펀드의 운용 이익을 '불로소득'이라고 말하며 어딘가 부정적으로 여기는 사람이 적지 않았습니다. 또, 주식으로 큰 이익을 얻은 사람을 두고 정말 나쁜 일이라도 했다는 듯이 "그런 건 불로소득이잖아"라고 말하는 사람도 있습니다. 그런 사람들은 힘들게 노력하는 일만 가치 있게 생각하고 그 생각에 빠져 있습니다.

예전에 자본 운용으로 억만장자가 된 사람이 많이 모인 자리에 제가 참석한 적이 있습니다. 그 자리에서 제가 술김에 "부럽습니다. 다들 불로소득이시잖아요"라고 말해 버리는 실수를 저질렀습니다. 그러자 그분들은 한목소리로 "불로소득이 아닙니다. 투자에 관해 정말 열심히 공부하고 수없이 실패하면서 겨우 손에 쥔 수익입니다. 일하지 않고 얻은 소득이 아니에요"라고 말했습니다.

남들에겐 전혀 고생하지 않고 돈을 번 것처럼 보일 수도 있지만, 사실은 엄청난 고생과 수고를 거듭했다는 이야기는 드물지 않습니다.

한편 상속으로 유산이 갑자기 들어오거나 복권이 당첨되는 등의 전형적인 불로소득을 얻는 사람도 있습니다. 하지만 그런 경우 재산이 오래 유지되지 못하며 오히려 고생하게 된다는 이야기도 종종 듣습니다.

돈을 사용하는 방법을 잘 모르는 아이에게 큰돈을 주면 바로 다 써 버린다는 이야기와 같은 맥락입니다. 돈을 취급하는 방법을 모르는 사람에게 갑자기 큰돈이 생겨도 제대로 쓰지 못합니다.

그러나 인적 자본이 줄어들 때 불로소득이 있다면 무척 든든하겠지요. 특히 앞으로는 퇴직금이나 연금을 금융 자본으로 믿고 의지할 수는 없습니다. 그런 시대를 살아가는 아이들에게는 **불로소득을 만들어 내는 금융 자본을 마련하는 지혜가 꼭 필요합니다.**

부모인 당신의 사소한 말과 행동이 아이에게 적지 않은 영향을 줍니다. 아이에게 돈에 관한 이야기를 할 때 불로소득은 귀한 자산이며, 자신과 아이의 인생을 도와주는 것이라는 의식을 가지게 해 주세요.

'앞으로는 더 어려운 시대가 된다는데……'라며 부모인 당신은 불안해할지도 모르겠습니다. 그러나 안심하세요. 금융 자본을 준비하는 일은 당신이 생각하는 정도로 어려운 문제는 아닙니다.

몇 번이나 말씀드렸듯이 아이들이 가진 '시간'이 강력한 힘이 되어 줄 것입니다. 시간은 자산을 만드는데 최고의 플러스 요소입니다. **인적 자본이 풍부한 10대, 20대, 30대, 40대에 할 수 있는 만큼 충분히 준비해 두면 그 후엔 가만히 내버려 두기만 해도 금융 자산은 불어 갈 것입니다.**

# 아이의 명의로
# 증권 계좌를 만들자

 자녀가 투자의 첫걸음을 내디딜 때 가장 먼저 필요한 것이 펀드를 사고팔 수 있는 증권 계좌입니다.

 증권 회사는 영업소에서 금융 상품을 직접 매매하는 오프라인 지점형과 인터넷으로 거래하는 온라인형으로 크게 나눌 수 있습니다. 오프라인 지점에서 거래해야 담당자에게 정보나 어드바이스를 얻을 수 있어 더 안심이라고 생각하는 분도 있습니다. 그러나 저는 온라인 증권을 추천합니다. 왜냐하면, 오프라인 지점형 증권 회사는 대체로 거래 수수료가 비싸고 계좌 개설비, 관리비가 드는 경우가 많다는 특징이 있습니다. 또 매수나 환매 주문을 할 때도 영업시간 안에 전화를 걸거나 지점을 방문해야만 합니다. 반면 온라인 증권은 컴퓨터나 스마트폰과 통신 환경이 있으면 언제든 매수나 환매 주문을 할 수 있습니다. 그리고 대부분 거래 수수료가 싸고 계좌 개설비와 관리비가 무료입니다. 또, 2장에서 설명한 것처럼 매달 1,000원부터 적립할 수 있는 금융 상품도 온라인 증권사에서 취급합니다. **수수료나 편의성 면에서는 압도적으로 온라인 증권이 유리합니다.**

사람과 직접 대면하여 정보를 얻지 못하면 불안하게 느끼는 분도 있겠지만, 제가 추천하는 장기분산 적립 투자는 기본적으로 밸런스형 펀드를 꾸준히 적립해 가는 방식이므로 조언이 필요한 상황은 거의 없습니다. 또 필요한 정보는 웹사이트에서 얻을 수 있으므로 컴퓨터나 스마트폰에 특별히 거부감이 없다면 인터넷 증권을 선택하면 좋겠습니다.

온라인 증권 중에서 미성년자도 증권 계좌를 개설할 수 있는 회사들이 있습니다. 신뢰도가 높은 곳을 선택하여 계좌를 만들면 됩니다.

## 세금 수속은 간단하게 처리

계좌를 개설할 증권 회사를 정하면 그 회사의 웹사이트에 들어가 온라인 계좌 개설 신청을 합니다. 이때 미성년자 계좌 신청서, 당신과 자녀의 마이넘버(일본에서 연금, 세금 등을 관리하는 개인 번호. 한국의 주민등록번호와 비슷한 개념이다-옮긴이 주), 운전면허증이나 여권 등의 본인 확인 서류, 친권자를 거래의 주체로 하는 동의서 및 미성년자를 거래 주체로 하는 동의서, 친족 관계를 확인하기 위한 호적 등본(모든 항목 기재)이 필요합니다. 마이넘버 카드가 없는 사람은 마이넘버 통지 카드(관공서에서 보내는 마이넘버 발급 안내문-옮긴이 주)를 준비하세요.

필요한 서류를 스캔하거나 카메라 또는 스마트폰으로 촬영하여 이미지로 준비하고, 그것을 업로드 하면 사용자가 해야 할 절차는 모두 인터넷으로 끝납니다(우편으로 주고받을 수도 있습니다). 거의 모든 온라인 증권사가 비슷한 절차를 거칩니다. 수속이 끝나면 계좌 번호나 비밀번호 등이 우편으로 배달되고, 그 정보로 로그인하면 거래 준비가 완료됩니다.

계좌 개설 절차에서 초보자가 헷갈릴 만한 부분은 '특정 계좌·일반 계좌'와 '원천 징수 있음·없음'를 선택하는 곳입니다.

특정 계좌, 원천 징수 등, 익숙하지 않은 단어들이 등장하면 갑자기 부담을 느낄 수도 있는데, **처음에는 '특정 계좌' '원천 징수 없음'을 선택하면 됩니다.** 그 이유는 번거로운 일이 적고 이득이 많기 때문입니다. 자세히 알고 싶은 분은 이다음을 계속 읽어 주세요. 몰라도 괜찮다고 생각하시는 분은 다음 항목으로 넘어가도 됩니다.

특정 계좌와 일반 계좌의 차이는 '연간 거래 보고서'라는 서류를 스스로 만들어야 하는지, 증권 회사가 만들어 주는지의 차이입니다. 투자에 따라 연간 200만 원 이상의 이익이 나면 확정 신고를 하고 세금을 내야 합니다. 연간 거래 보고서는 그때 필요한 서류로, 연간 매매 이력이나 손익을 계산하여 정리해서 작성합니다. 일반 계좌의 경우 거래의 손익 계산 등, 복잡한 서류 작성을 스스로 해야 합니다.

특정 계좌는 증권 회사가 연간 거래 보고서를 만들어 줍니다.

'원천 징수 있음'과 '원천 징수 없음'의 차이도 알아볼까요? 원천 징수 있음을 선택하면 필요한 절차를 증권 회사가 대행해 주므로 확정 신고를 할 필요가 없습니다. 원천 징수 없음의 경우는 확정 신고의 절차를 스스로 해야 합니다. 이렇게만 들으면 번거롭지 않은 원천 징수 있음이 좋겠다고 생각하겠지요. 그러나 있음을 선택하면 이익이 200만 원 이하인 경우에도 이익이 발생한 시점에 약 20%의 세금이 자동으로 징수됩니다.

밸런스형 펀드를 활용한 장기분산 적립 투자에서는 초기에 이익이 미미합니다. 아무리 해도 200만 원까지는 잘 가지 않기 때문에 원천 징수 없음, 특정 계좌의 조합이 번거롭지 않고 이득입니다.

### '분산'을 실현할 수 있는 펀드 두 가지

계좌를 개설해 거래가 가능해지면 밸런스형 펀드를 적립식으로 구매합니다. 밸런스형 펀드는 일본의 주식이나 채권, 외국(선진국에서 개발도상국까지)의 주식이나 채권 등을 이름처럼 밸런스 좋게 패키지로 묶은 상품입니다. 이것만 하나 사 두면 복수의 대상에 분산 투자를 하게 됩니다. 단, 밸런스형 펀드에도 많은 상품이 있습니다. 어느 상품을 사야 할지 고민이 되겠지요. 그래서 제가 추천하는 상품은 '세계 경제 인덱스 펀드(미쓰이 스미토모 트러스트 애셋 매니지먼트)'와

'eMAXIS 밸런스 8 자산 균등형(미쓰비시 UFJ 국제투신)'입니다.

◎ **세계 경제 인덱스 펀드(미쓰이 스미토모 트러스트 애셋 매니지먼트)**: 세계의 주식과 채권에 투자할 수 있고, 수수료(신탁 보수)가 싼 밸런스형 펀드.

◎ **eMAXIS 밸런스 8 자산 균등형(미쓰비시 UFJ 국제투신)**: 전 세계 주식, 채권 외에 국내외 리츠(투자 기관이 부동산에 투자하여 이익을 투자가에게 분배하는 상품)도 포함하는 밸런스형 펀드.

이 두 밸런스형 펀드가 상품 검색이나 펀드 상품 일람에서 보이면 상품 내용이 상세하게 기재되어 있는 '계획서(운용 계획서)'를 훑어보세요. 확인이 끝나면 적립 금액이나 매달 구입일을 설정합니다. 확정하면 밸런스형 펀드를 활용한 장기분산 적립 투자로 '꾸준한 투자 생활'이 시작됩니다. 그다음은 **기본적으로 내버려 두기만 해도 됩니다**. 투자 성적을 수시로 확인하면 단기적으로 오르고 내리는 데에 동요하게 되므로 그런 의미에서도 내버려 두기를 권합니다.

반년에 한 번 또는 한 달에 한 번 정도만 투자 상황을 아이와 함께 확인해 봅시다. 그럴 때도 단기적인 이익이나 손실에 일희일비하지 않아야 합니다.

# 4장

## 돈 공부를 시켰더니 공부를 시작합니다

# 용돈은 '원'과
# '달러' 중에서 선택

저는 아이들에게 용돈을 줄 때 미국 달러와 우리나라 돈 중에서 원하는 통화를 고르게 합니다. 미국 달러 지폐는 우리 돈으로 환전하지 않으면 국내에서 거의 사용할 수 없습니다. 그 대신 미국 달러로 받을 경우는 우리 돈으로 줄 때보다 10% 더 많이 준다는 특전이 있습니다.

왜 받아서 바로 쓸 수도 없는 지폐를 용돈으로 주는지 궁금하시겠지요. 저희 큰딸이 초등학교 2학년 때인 2003년 즈음으로 거슬러 올라갑니다. 당시에 저는 한 외국계 기업에서 보수를 달러로 받고 있었습니다. 달러로 보수를 주는 일은 흔한 일이 아니기에 갑자기 들어온 달러 자금을 어떻게 할까 고민하다가 문득 '아이에게 주면 어떨까?' 하는 생각이 들었습니다.

큰딸은 그때까지 달러 지폐를 본 적이 없었습니다. 그래서 시험 삼아 1달러 지폐를 주었지요. 아이는 돈처럼 생겼는데 돈이 아닌 듯한 신기한 물건을 빤히 쳐다보며 호의적인 반응을 보였습니다. 그 뒤 '달러 용돈'을 용돈의 기본으로 정했습니다.

2장에서 우리 집의 일상적인 용돈에 관한 이야기는 모두 우리 돈을 기준으로 썼습니다만, 실제로는 아이들이 미국 달러로 받을지, 우리 돈으로 받을지를 선택합니다. 받은 달러 지폐는 언제나 '아빠 은행'에서 우리 돈으로 환전할 수 있습니다.

이 방식은 사실 용돈을 주는 부모도 불편하고 비용이 듭니다. 항상 미국 달러 지폐를 준비해 두어야 하고, 은행에서 우리 돈을 달러로 바꾸면 수수료도 들지요. 그런 노력과 시간을 들여서라도 달러 용돈을 계속하는 이유는 불편함을 넘어서는 큰 이점이 있기 때문입니다. **가장 큰 이점은 돈을 통해 사회에 대한 관심을 높일 수 있다는 점입니다.**

저희 집에서는 용돈을 받기 시작하는 초등학교 3학년부터 미국 달러를 접합니다. 처음에 "이 지폐는 미국의 돈이란다"라는 설명부터 합니다. 지구본이나 세계 지도를 보면서 미국 지역을 살펴보고 옆에 있는 캐나다나 멕시코 등 주변 국가에서 사용하는 돈도 각각 다르다는 사실에 관해서도 이야기를 나누어 봅니다.

이야기를 듣고 고개를 갸웃거리다 싫증 내는 아이도 있지만, 그 역시 당연한 반응입니다. 억지로 정보를 주입할 필요는 없으므로 매달 조금씩 알려 주면 됩니다.

아이들은 사실 용돈을 받는다고 해도 달러 상태로는 사용할 수도 없습니다. 자연스럽게 '어떻게 하면 사용할 수 있을까?' 하고 생각하기 시작하지요. 하지만 열 살 정도의 아이에게 '은행에서 우리 돈으로 환전한다'라는 과정을 이해시키기가 어렵습니다. 우선은 미국에서 사용하는 달러라는 돈이 있고, 우리 돈으로 바꿀 수도 있다는 사실을 알려 주면 충분합니다. 이렇게 해서 우리 집의 **매달 용돈 주는 날은 다른 나라에 관심을 돌려보는 기회가 되었습니다.**

### 달러를 사용할 수 있는 곳에 가 보고 싶어진다

실제로 미국 달러로 용돈을 받고 달러를 은행에서 우리 돈으로 환전하면서 아이들은 우리 돈으로 바꿀 때 이득이 되는 타이밍이 있다는 사실을 눈치챕니다.

예를 들어, 매달 10달러(약 1만 원)의 용돈을 받는다고 해 보겠습니다. 어떤 때에는 1달러가 990원이 됩니다. 또 다른 때에는 1달러가 1,100원이 됩니다. 그러면 같은 10달러를 환전했는데 용돈이 9,900원이 되기도 하고 1만 1,000원이 되기도 하지요. 110원의 차이가 크지는 않지만, 용돈 1만 원을 받는 아이에게는 큰 차이일 수 있습니다. **이런 과정을 통해 아이들은 자연스럽게 원-달러 환율에 흥미를 느끼게 됩니다.**

참고로 달러 용돈의 선구자인 큰딸은 중학생이 되고 나서는 매달 용돈의 30~40% 정도만 환전했습니다. 즉시 쓰는 용돈 외에 남는 부분은 달러로 저축해 두고 환율이 유리할 때 환전하기로 했지요.

물론, 큰딸처럼 달러로 저축하는 것이 정답이라는 말은 아닙니다. 아이가 달러로 용돈을 받아 달러를 바로 사용할 수 있는 곳으로 여행하고 싶다고 생각하게 된 일도 돈이 세계를 향한 문이 된다는 사실을 알려 주는 의미에서 대성공입니다. 중요한 것은 돈과 사회의 관계를 알아 가는 것입니다.

# 돈으로 가르치면
# '앞일'을 계획할 수 있다

제가 돈과 사회의 관계에 대해 아이들과 이야기할 때 스스로 지키려고 노력하는 중요한 규칙이 네 가지 있습니다.

- 내가 할 수 없는 일을 강요하지 않는다.
- 아이의 생각이나 행동을 강제하지 않는다.
- 아이가 돈을 쓰는 데 지나치게 간섭하지 않는다.
- 잘했다고 생각하면 충분히 칭찬한다.

부모가 못 하는 일을 아이에게 시켜 봤자 아이는 공감하지 못하기 때문에 받아들이지 못합니다. 예를 들면, 가계부도 쓰지 않고 지출을 소비, 낭비, 투자로 분류하지도 않는 부모가 갑자기 "이번 달부터 용돈 기입장을 써!" 하고 시켜도 아이는 반발할 뿐 실행하지는 않겠지요. 아이가 돈을 통해 사회를 배우게 하고 싶다면 먼저 어른도 공부하고 질문에 답할 수 있게 준비해 두어야 합니다.

물론, 아이의 질문에 전부 대답하기는 어렵습니다. **잘 모르는 것은 함께 조사하면서 돈에 관한 의문을 풀어 나간다면 더 깊이 소통할 수 있겠지요.**

아이가 돈을 쓰는 데 너무 지나치게 간섭하지 말아야 합니다. 아이를 키울 때는 지켜보기보다 '이렇게 해', '저렇게 해' 하고 지시를 내리고 강제력을 발휘해야 오히려 쉽게 넘어가는 경우가 많습니다. 그러나 금전 감각 교육은 오랜 시간에 걸쳐 이루어져야 합니다. 잘 되길 바라는 마음에 부모가 계속 간섭하면 돈을 쓰면서 겪어 보아야 할 실수도 경험해 보지 못하고 자라 금전 감각이 제대로 갖추어지지 않은 채로 사회에 나가게 됩니다. 그 결과 신용 카드 리볼빙 결제나 현금 서비스로 빚을 안게 될지도 모르지요.

그러므로 '용돈 제도를 실시한다', '용돈 일부를 달러로 준다', '용돈 기입장을 쓰면 용돈을 조금씩 올려 준다', 이런 식으로 기본 방침을 정해 두고 아이들이 레일 위를 달리기 시작하면 기본적으로는 아이들이 하는 대로 두고 보는 편이 좋습니다.

## '미래를 내다보는 힘'을 키운다

앞에서 언급한 4개의 규칙에서 마지막의 '잘했다고 생각하면 충분히 칭찬한다'도 무척 중요합니다.

용돈 기입장을 꼼꼼하게 썼을 때, 계획적으로 돈을 사용했을 때, 뉴스와 돈에 대해 연관 지어 생각해 냈을 때, 당신이 '이 녀석 잘하고 있네'라고 느끼는 때가 있다면 "대단하다", "잘했네", "참신한 생각이구나" 이렇게 적극적으로 칭찬해 주세요.

쓸데없는 데 돈을 써 버리기 일쑤였던 아이가 용돈을 잘 사용하게 되면 "당연히 그렇게 해야지"가 아니라 "와, 대단한 일을 해냈구나!"와 같은 말로 칭찬해 주세요.

앞에서도 말했지만, 우리 집에서는 세뱃돈이나 친척에게 받은 용돈을 은행 계좌에 저축하는 현금, 용돈이 부족할 때 보충하기 위해 쓰는 돈으로 나누어 아이들에게 관리하게 합니다.

초등학생 때는 반년 앞의 일까지 고려하고 준비해야겠다는 생각을 하기는 어렵지만, **연간 용돈 관리를 맡겨 두면 서서히 앞을 보는 감각이 자랍니다.**

아이들에게 세뱃돈은 조금 넉넉하게 주는 편입니다. 왜냐하면 달마다 주는 용돈은 원하는 물건을 사고 아주 조금 남는 정도밖에 되지 않기 때문입니다. 그 정도로는 돈을 쓰는 데 선택지가 좁아지고 미래를 생각하여 예산을 꾸리는 능력을 키울 수가 없습니다. 조금 더 여유가 있는 편이 자기 나름대로 살림을 꾸릴 수 있다고 생각하기 때문에 세뱃돈은 넉넉하게 주고 용돈의 보충 예산으로 쓰도록 설계했지요.

동생들은 언니들이 돈을 관리하는 모습을 옆에서 보면서 세뱃돈을 갑자기 생긴 큰돈이라고만 여기지 않고 연간 예산으로 쪼개어 사용하는 방법을 생각하거나 미래를 보고 저축으로 돌리는 등 시야를 넓혀 갑니다.

참고로 세뱃돈 등의 임시 수입을 저축용으로 돌릴 때는 아이들 전용 계좌에 입금합니다. 이 통장에는 매달 용돈을 쓰고 남은 돈이나 축하금으로 받은 임시 용돈 등을 저축하고 아이들과 함께 정기적으로 잔액을 확인합니다.

**통장에 숫자가 되어 쌓여 가는 금액을 눈으로 확인하면 아이들은 돈이 모인다는 사실을 실감할 수 있고, '돈을 모을 수 있다'라는 자신감을 얻게 됩니다.** 부모인 우리는 "대단하네, 열심히 모았구나" 하고 많이 칭찬해 주면 됩니다.

### '자기 일'이면 돈에 대해 진지하게 생각한다

아이들이 중, 고등학생이 되면 저축용 통장의 돈을 스스로 관리합니다. 실제로 중학생이 되면 나중을 생각하여 매달 들어오는 용돈과 통장에 있는 돈을 합쳐서 계획적으로 사용할 수 있게 됩니다.

고등학생이 된 넷째 딸은 프로레슬링을 무척 좋아합니다. 신일본

프로레슬링(일본의 프로레슬링 단체 중 하나이다-옮긴이 주)에 좋아하는 선수가 있는데 선수 로고가 그려진 재킷을 무척 사고 싶어 했습니다. 그러나 재킷 가격이 8만 원을 넘어 매달 받는 용돈으로는 턱없이 부족했지요. 게다가 용돈을 전부 써 버리면 친구를 만나는 데도 지장이 생깁니다. 그래서 딸은 한 달에 1만 원씩 남는 돈을 모으고, 넉 달 후에 저축에서 4만 원을 인출하여 여름이 끝날 무렵 재킷을 샀습니다.

왜 저축에서 한 번에 8만 원을 다 뽑지 않았냐고 물어보니 "다음에 갖고 싶은 물품이 생기면 아무리 원해도 참아야 하니까"라고 답했습니다.

부모가 척척 사 주면 재킷을 손에 넣는 기쁨은 있겠지만 8만 원이라는 돈의 가치와 고마움은 체감할 수 없습니다. 용돈, 세뱃돈이라는 형태로 돈 자체는 부모의 지갑에서 나간다 해도 본인이 용돈을 꾸려 나가는 방식에 따라 돈의 무게가 달라집니다.

**자기 일이 되면 아이들은 돈의 씀씀이에 진지해집니다.** 어른이 돈을 모으지 못하는 이유는 여러 방면으로 머리를 짜내지 못하게 때문입니다. 앞으로 아이들이 돈을 모으거나 돈에 어려움을 겪지 않게 하려면 머리를 쓰고 궁리하게 해야 합니다.

# 나이에 따라 무엇을
# 어디까지 가르쳐야 할까?

부모는 아이의 나이에 따라 돈에 관해 무엇을 어디까지 알려 주어야 하는지 고민하게 됩니다.

어느 가정에도 통하는 '완벽한 정답'은 없습니다. 아이들은 한 사람 한 사람 다르며 각자 다른 속도로 하루하루 성장해 가기 때문입니다.

근처의 축제에서 있었던 일입니다. 초등학교 2학년인 아들이 솜사탕 장수 앞에 멈춰 섰습니다. 색색깔의 솜사탕을 보고 "솜사탕 먹고 싶어요. 내 세뱃돈에서 사 주세요. 내 돈이니까 괜찮죠?"라며 조르기 시작했습니다.

축제 분위기에 솜사탕을 먹고 싶다는 기분은 이해가 됩니다. 그러나 솜사탕의 가격은 하나에 5,000원이나 했습니다. 그야말로 축제 가격이었지요. 옆에서 듣던 초등학교 5학년인 다섯째 딸이 "5,000원이나 내다니 아까워. 집에 솜사탕을 만드는 기계가 있으니까 가서 만들어 줄게"라며 타이르기 시작했습니다. 그러고 보니, 집에는 지난 크리스마스에 아이들이 받았던 장난감 솜사탕 제조기가 있었습니다. 그것을 쓰면 집에 있는 재료로 솜사탕을 먹을 수 있었지요. 아들은 마지못해 이 제안을 받아들였습니다. 만약 제가 "비싸니까 안 돼"라고 말했다면 분명히 "내 돈이니까 괜찮잖아요"라며 집요하게 매달렸을 것입니다. 하지만 누나의 제안으로 다른 가능성을 생각할 수 있었지요.

아들의 생각이 '여기서 돈을 쓰지 않으면 다른 원하는 물건을 살 수 있을 거야'였는지, '누나가 말하니, 그게 나을 수도 있겠다'였는지는 모르겠습니다. 하지만 아이들은 나이가 들어가면서 돈의 관리에 시행착오를 거듭하며 성장해 갑니다.

아이는 자라면서 부모가 미처 생각하지 못했던 이유로 고민하기도 합니다. 동생에게 절약하도록 타이른 다섯째는 한때 용돈이 부족하여 매달 조금씩 세뱃돈을 꺼내 썼던 적이 있습니다. 용돈 기입장을 보고 이상하게 생각했던 아내가 "요즘 용돈이 부족하니?"라고 묻자 "사실 쪼들려요" 하고 고백했지요.

이유는 여름이 되어 친구들과 수영장에 다니게 되어서였습니다. "교통비가 매번 1,700원 들고, 수영장 입장료도 들어요. 끝나면 다 같이 주스를 마시니까 그 돈을 용돈에서 내려니 버겁고, 수영장에 가니까 매달 사서 보던 만화 잡지도 살 수가 없어서…….」 아내와 저는 "얼른 말하지", "의논했어야지"라며 걱정했습니다.

하지만 본인은 용돈 안에서 해결해 보겠다고 애쓰고 있었습니다. 돈의 사용을 조절하는 힘이 생긴 만큼 문제가 생겨도 스스로 감당하려고 노력했던 것이지요. 결국 이때는 교통비를 가계 재정에서 내주는 방법으로 해결했습니다.

## 부모가 지켜야 할 한 가지 원칙

'아이가 몇 살이 되면 돈에 대해 무엇을 어디까지 알려주면 좋을까?'라는 질문에 완벽한 답은 없습니다. 돈과 가계 재무의 전문가로서 6명의 아이들의 성장을 지켜보며 느낀 점은 정말 한 사람 한 사람 다 다르다는 사실입니다.

알뜰한 큰딸, 현실파인 둘째 딸, 충동구매를 자주 하는 셋째 딸, 용돈을 잘 꾸려 가는 넷째 딸, 언니와 누나를 보면서 성장 중인 다섯째 딸과 막내아들. 용돈을 주는 방법이나 가족 재정 회의에 참석하는 방법은 모두 똑같이 적용했기 때문에 환경은 크게 바뀌지 않았는데, 돈에 대한 생각이나 사용법에는 개성이 드러납니다.

그래도 한 가지 확실하게 말할 수 있는 것이 있습니다. 아이가 받은 용돈을 바로 써 버리고, 그 후에 뭔가를 조를 때는 확실하게 거절하세요. **여기서 부모가 구원의 손길을 내밀면 안 됩니다.**

계획성 없이 용돈을 사용해 버리는 것은 그 아이의 실수입니다. 소풍 갈 때 가져갈 과자를 사야 하는데 용돈을 엉뚱한 곳에 다 써 버려서 돈이 없다고 울어도 간식 없이 소풍을 가게 하는 정도의 단호함을 갖추어야 합니다. 왜냐하면, 아이는 어려운 상황일수록 돈의 사용법에 대해 스스로 고민하게 되기 때문입니다.

훌륭한 배움의 기회가 되는 타이밍에서 도움의 손을 내밀어 버리면 아이는 "부모가 도와준다", "돈은 요구하면 해결된다"라고 생각하고 같은 일을 반복합니다.

이 점만은 모두에게 미리 알려 주고 용돈을 주는 나이가 되면 아이들에게 공통으로 실천해 왔습니다. 그 외에는 한 사람 한 사람 상황에 맞게 돈에 관한 대화를 놓치지 않게끔 노력하고 있습니다.

당신과 돈에 관한 대화를 계속해 나가는 것이 아이에게는 최고의 교육입니다.

# 돈 문제를 공개하는 일이
# 가지는 큰 의의

 2장에서 소개한 가족 재정 회의에서 밝힌 것처럼 우리 집에서는 가족 모두에게 제 벌이, 나가는 돈, 투자를 포함한 저축 상황까지 모두 공개합니다. 이 역시 돈에 관한 소통을 늘리고 싶어서입니다. 아이들을 가계 재무에 깊이 관여하는 구성원의 한 사람으로 인정하고 과거, 현재, 미래 그리고 성공과 실패를 공유하지요.

 80년대 이전에는 가계 재정에 관한 일은 부모나 가장이 책임지고 아이들은 모르게 하는 상황이 일반적이었습니다. 아이들에게 돈에 관해 괜한 걱정을 시키고 싶지 않은 부모의 자존심 때문이었겠지요. 하지만 아이들은 성장하여 집에서 떠날 때까지는 생계를 함께하는 동지입니다. 그들에게 가계의 상황을 숨기고 걱정시키지 않으려는 자존심이 필요할까요?

많은 부모가 회사에서 다양한 고충을 겪으면서도 열심히 일하고 아이에게는 보이지 않는 노력을 거듭하여 하루하루를 꾸려 나가고 있습니다. 큰 노력을 들여 가계를 건사하고 있는데도 그 노력이나 진심이 아이들에게 전해지지 않는다면 무척 안타깝지 않을까요?

물론 가족 재정 회의를 하다 보면 부모의 낭비도 고스란히 드러나게 됩니다.

평소 아이들에게 하던 "쓸데없는 데 돈을 쓰면 안 되지!"라는 설교가 부메랑이 되어 돌아올 수도 있습니다. 그렇다 해도 저는 가계 상황이 좋든 나쁘든 아이들과 함께 돈에 관한 이야기를 하는 편이 돈과 가계, 돈과 사회의 관계를 빠르고 깊게 이해하게 해 준다고 생각합니다.

불황으로 월수입이 줄어들거나 보너스가 없다는 사실을 솔직하게 말하면 아이들을 불안하게 한다고 생각할 수도 있습니다. 그러나 저는 그렇게 생각하지 않습니다. 돈은 어디선가 뚝 떨어지는 것이 아니기 때문입니다. 돈의 무게, 돈을 버는 어려움을 알아주기를 바라기 때문에 아이들이 가계의 현실을 직시하는 편이 좋다고 생각합니다.

실제로 제가 가계 재무 상담을 하던 한 고객이 가족 재정 회의를 도입하고 '집안에 빚이 있다'는 사실을 아이들에게 알렸습니다. '아이들이 기가 죽지 않을까?'라는 걱정도 했지만, 막상 닥쳐 보니 아이들은 가계 상황을 잘 받아들이고 빚을 갚기 위해 절약하는 데에 협조하게 되었다고 합니다. 그런 아이들의 자세를 보고 소비자금융 대출까지 받아야 할 정도로 살림을 제대로 꾸리지 못하던 본인도 마음을 다잡았습니다. 결국 그 집의 가계는 천천히, 그러나 분명히 개선되어 갔습니다.


## 아이가 '학비가 어느 정도 드는지' 알면

가족 재정 회의에서 논의하는 주제 중에서 아이들에게 좋은 영향을 준다고 생각하는 것은 교육비에 관한 사항입니다. 보통 1명의 아이가 대학을 졸업할 때까지 모두 공립학교에 다녀도 1명당 적게 잡아도 1,000만 엔 정도가 든다고 합니다.

또, 문부과학성의 '2016년도 어린이 학습비 조사'에 따르면 유치원(만 3세)부터 고등학교 3학년까지 15년 동안 모두 공립에 다니는 경우의 학습비 총액은 약 540만 엔이며, 모두 사립이라면 약 1,770만 엔이 듭니다.

요즘은 대학 학비 부담이 급격히 심해졌는데, 일본 정책금융공고의 '교육비 부담 실태 조사 결과(2016년도)'를 보면 졸업할 때까지 필요한 입학, 재학 비용은 국공립대학이 약 485만 엔, 사립 인문계열은 약 695만 엔, 사립 이과계열은 약 880만 엔이었습니다. 모두 공립으로 고등학교까지 다닐 때 필요한 비용 540만 엔과 합치면 1,250만 엔이나 되며, 모두 사립이라면 2,500만 엔 전후가 됩니다.

이런 이야기도 하면서 실제로 아이들에게 들어가는 교육비를 공개합니다. 큰딸은 사립 중, 고등학교에 다녔기 때문에 학비가 비싸

가족 재정 회의에서 "불필요한 학원을 줄이겠다"라고 결정했습니다.

반대로 공립 중, 고등학교에 다닌 둘째 딸은 "저는 공립고등학교에 다니니 그 몫만큼 학원에 가고 싶어요"라고 제안했고, 이 역시 가족 재정 회의에서 인정받았습니다.

아이들에게 매달 수십만 원이라는 금액의 돈이 들어가는 교육비는 큰 영향을 줍니다. 부모가 땀 흘리며 벌어온 돈이 자신들의 교육에 사용되고 있다는 사실을 알게 되지요. 공부에 대한 책임감을 느끼는 계기가 될 뿐 아니라 **'자신들은 소중한 존재이다'라는 사실을 깨닫는 계기가 됩니다.**

# 국제 뉴스와 나의 돈은
# 이어져 있다

텔레비전이나 인터넷 뉴스는 돈과 사회를 알려 주는 좋은 교재입니다. 제가 아이들의 금전 감각 교육을 시작한 시점은 큰딸이 초등학교 중학년, 둘째가 초등학교 저학년일 때입니다. 그 당시 저는 빚이 있는 분의 가계 재무 상담을 해 줄 때가 많았고, 아이들에게도 빚의 무서움을 알려 주어야겠다고 생각했습니다. 그러나 학교 공부처럼 "아빠가 빚의 무서움을 알려줄 테니 잘 들어 봐"하고 강의를 해도 아이들은 듣지 않았겠지요. 특별히 신경을 썼던 부분은 **일상의 대화에 돈에 관한 화제, 빚에 대한 화제를 자연스럽게 녹여 생활에 접목시켜 생각해 보게 하는 것이었습니다.**

예를 들어 빚에 관한 뉴스를 보면서 "사람들은 왜 돈을 빌린다고 생각하니?", "갚지 못하는 이유는 뭘까?" 하고 슬쩍 질문을 던져 아이들의 대답을 듣고 서로 대화를 나누어 보지요. 그런 대화를 통해 빚의 무서움을 얼마나 알게 될지는 모르지만, 관심을 가질 기회는 줄 수 있다고 생각합니다.

'달러 용돈'에도 같은 효과가 있었습니다. 아이들은 미국 달러로 용돈을 받으면서 자연스럽게 미국이라는 나라, 환율, 엔고, 엔저를 알려 주는 뉴스 등에 흥미를 느끼게 되었습니다. 2008년 리먼 쇼크가 일어났을 때, 큰딸이 중학생, 둘째 딸이 초등학생이었는데, '미국에서 사건이 터졌으니 미국 달러가 내려가고 엔화가 비싸졌다'라고 이해했습니다.

미국에서 심각한 경제 문제가 발생했다.
↓
전망이 위험한 나라의 통화는 가지고 있고 싶지 않다.
↓
세계에서 가장 유통량이 많은 미국 달러가 많이 팔릴 것이다
↓
통화를 판 사람은 대금을 다른 통화로 받기 때문에 다른 나라의 통화가 올라간다.
↓
엔이나 유로같이 미국 달러 다음으로 안정적인 통화가 비싸진다.

물론 리먼 쇼크를 촉발한 서브프라임론 문제나 파산한 투자은행 리먼 브라더스가 어떤 회사인지 등의 자세한 사항은 알지 못합니다. 그렇지만 뉴스에서 보도되는 사건과 엔 강세·달러 약세를 일으킨 요인이 이어져 있다는 점은 이해했습니다.

이렇게 뉴스와 돈의 관련성에 대해서 학교 수업에서는 자세히 가르치지 않기 때문에 가정에서 알려주고 이야기해 보아야 합니다. 단순히 "세계 경제가 큰일이야!"라는 식으로 하는 말은 아이들에게는 와닿지 않겠지요. 하지만 미국 달러로 용돈을 받는다면 "이 뉴스는 나와 관계가 있다!"라고 느끼므로 부모의 설명이 머리에 쏙쏙 잘 들어올 것입니다.

## 주가도 나의 돈과 연동되어 있다

투자의 시작 역시 돈과 사회의 관계를 빠르게 인식하는 좋은 계기입니다. 최근, 미국과 중국이 서로 관세를 올리는 '미·중 무역전쟁'에 관한 뉴스가 자주 보도됩니다.

미국과 중국 사이에 긴장이 높아지면 미국의 주가가 내려가고, 연동된 닛케이 평균 주가도 내려갑니다. 반대로 트럼프 대통령과 시진핑 국가 주석이 정상회담을 해서 '건설적인 논의를 했다'라고 발표되면 주가는 회복됩니다. 아이들과 "트럼프 대통령과 시진핑 주석이 합의했으니 일단락되고 경기가 좋아지려나? 그러면 주가도 올라가겠지" 이런 대화를 했는데, 얼마 지나지 않아 양국의 각료 간 회의에서 다시 불이 붙으며 상황이 다시 뒤집히는 일도 있었답니다.

　펀드 등으로 투자를 하지 않는다면 모두 먼 나라의 경제 뉴스입니다. 그러나 **내가 매달 돈을 적립하는 상품의 가격 변동과 국제 문제가 관련되어 있으면 어려운 뉴스에도 관심이 가게 마련입니다.**

　주식 시장의 움직임은 일본이든 미국이든 각 나라 안에만 머무는 것이 아니라 세계 경제 뉴스와 이어져 있습니다. 아이가 이 감각을 얻는 것은 복잡한 사회적 이슈를 자신과 연결시켜 바라볼 수 있게 된다는 것입니다. 이것은 모든 공부의 가장 중요한 감각이기도 합니다.

# 장래에 어떤 일로 돈을 벌까?

우리 집에서는 고등학생이 되면 아르바이트를 허용합니다. 단, 공부에 영향을 주지 않는 범위에서 해야 하고, 밤늦은 시간까지 하는 일은 피하기로 되어 있지요. 학생은 공부가 가장 우선이므로 이 두 가지를 지키면 아르바이트 자체는 권하는 편입니다.

**돈과 사회의 관계에 대한 생각을 정립해 갈 때 '돈 버는 것이 힘들다'라는 사실을 스스로 느끼고 있는지 아닌지에는 큰 차이가 있습니다.** 저는 빚을 지고 못 갚아 곤란을 겪은 적도 있고, 낭비가 잘못임을 알면서도 도박을 한 적도 있습니다. 이렇게 '알면서도 저질러 버리는 사람의 마음'을 아는 것은 가계 재무 상담 일을 하는 데 무척 도움이 됩니다.

일을 하는 것이 얼마나 어려운지, 돈을 버는 것이 얼마나 어려운지, 솔직하게 말해 이 두 가지를 모르면 아무리 돈에 관한 공부를 하게 해도 꼭 알아야 할 기본을 깨닫게 하기는 어렵습니다. 종일 서서 일하고, 창고에서 상품을 옮기고, 가게에서 화를 내는 손님을 응대해 보고, 사장에게 "덕분에 도움이 됐어"라는 감사의 인사를 받고, 동료에게 "일 잘하네"라고 인정받고, 손님에게 "감사합니다"라는 인사를 듣는 경험을 해 보아야 합니다.

아르바이트라고 해도 그곳에서 경험한 일이 한 시간분의 시급으로 바뀔 때 아이들은 '돈을 버는 것은 어려운 일이다'라고 실감할 수 있습니다.

말로만 "돈은 중요한 거야"라고 반복하는 것보다 훨씬 효과적입니다. 스스로 노력해서 겨우 손에 넣은 1만 원이라고 생각하면 그 무게가 다릅니다.

우리 집에서는 위의 아이가 동생에게 "나는 2만 원을 벌기 위해 한 시간 동안 착실히 일해야만 해"라고 말하며 낭비를 만류하는 경우가 종종 있습니다. 학생은 공부가 우선이지만, 고등학교에 다니면서 일하고 돈을 버는 경험을 쌓는 것은 중요한 사회 공부가 됩니다. 게다가 아르바이트에서는 다양한 연령대의 사람들을 대하는 방법, 장사의 구조, 책임을 져야 한다는 긴장감, 의견을 내야 할지 참아야 할지를 판단하는 일 등 유형으로, 무형으로 배울 점이 많습니다.

## 대학생이 되면 스스로 학비 일부를 부담

이 역시 우리 집 고유의 규칙인데, 대학이나 전문학교 등에 진학할 경우, 학비의 일부는 아이에게도 부담하게 합니다. 물론 학비의 자기 부담분을 반드시 내라고 하지는 않습니다. 부담할 수 없으면 대학을 그만두라고 강요하려는 의도가 아니라 학비에 대해서도 지출을 '자기 일'로 받아들이기를 바라는 것입니다.

학자금 대출도 있지만, 미래로 넘기는 큰 부담이 되어 버리므로 이용하지 않습니다. 본인에게 학비 일부를 부담하게 하고 모자라는 부분은 부모가 지원해 주는 형태로 유지하고 있지요.

구체적인 금액을 예로 들어 볼까요. 1학기와 2학기 다해 1년에 1,200만 원이 든다면 자기 부담의 목표는 연간 500만 원입니다. 대학생이 된 아이들은 이 금액을 염두에 두고 아르바이트를 합니다.

아무리 자기 일로 생각해도 부모에게 학비를 전액 지원받으면 수업 하나하나를 중요하게 생각하지 않게 됩니다. 대학은 본인이 가고 싶지 않으면 가지 않아도 되는 곳입니다. 대학 시절이 인생의 여름 방학처럼 느껴지고 해이해져 어영부영 보내기 쉽습니다. 거기에 4년 동안 수천만 원(졸업할 때까지 필요한 입학, 재학 비용은 국립대학에서 약 485만 원, 사립대 문과 계열은 약 695만 원, 사립대 이과 계열은 약 880만 원)을 내야 하니 대학 시절을 의미 있게 보내기를 바라는 마음이 드는 것은 부모로서 당연합니다.

**실제로 일부라도 학비를 스스로 낸다는 자각이 있으면 함부로 수업을**

**빠지지 않습니다.**

학업에 대해 우리 집에서는 "하고 싶은 일을 해" 이상의 조언은 하지 않습니다. 일을 하는 것이 얼마나 어려운지 실감하면서 스스로 고민하여 진학할 곳을 선택하고 배우기 위해 비용을 부담하며 학창 시절을 보내지요. 고등학교와 대학 시절을 그렇게 보내면 앞으로 자신이 가질 직업에 대해 어리석은 선택을 피할 수 있습니다.

# 가난하면 불행할까?
# 부유하면 행복할까?

저는 돈 문제로 고생하는 사람들을 무척 많이 보았습니다. "소비자금융 여러 곳에 3,000만 원의 빚이 있어요……"라며 창백한 얼굴로 상담하러 왔던 고객에게 "채무정리와 과지급금 청구로 빚이 없어지고 과지급금 1,000만 원을 돌려받았습니다"라는 말을 해 주었을 때, 극적으로 표정이 바뀌던 순간도 몇 번이나 보았습니다.

개인파산을 할 수밖에 없다고 생각하여 낙담하던 상황에 들은 희소식이었으니 상담에 오신 분들 대부분은 안심과 안도의 표정을 보여 주었지요. 그러나 그 와중에 예상을 뛰어넘는 반응을 보이는 사람도 있었습니다.

절망한 모습으로 힘없이 중얼대며 이야기하던 사람이 갑자기 생기를 찾는가 싶더니 상담하던 저희에게 갑자기 고자세를 보이며 "언제 돈이 들어오는 거야!"라고 따지기 시작한 적도 있었습니다. "빨리 돌려 달라고!"라며 독촉까지 했답니다.

사람의 태도는 경제 상황에 따라 크게 달라집니다. 돈이 가지는 힘이지요. 안정과 행복을 가져다주기도 하고, 혼란과 불행을 불러오기도 합니다. 다중채무로 고통받는 사람을 여러 번 만나 본 경험에서 보면 '가난도 좋은 경험'이라고 쉽게 말할 수 없습니다. 특히 스스로 돈을 버는 능력을 아직 갖추지 못한 아이들에게 괜한 고생은 없는 편이 행복이겠지요.

부유한 경제 상황까지 아니더라도 가계의 적자가 계속 쌓이는 상태에서는 벗어났으면 좋겠습니다. 그런 생각으로 많은 적자 가계의 상담을 해 왔습니다.

현실적으로는 아무리 열심히 애쓰고 노력해도 수입이 오르지 않는 사람도 있습니다. 그러나 가계의 지출을 재정비하면 점점 더 가난해지는 상태에서 벗어날 수는 있습니다. **적자 가계 대부분은 줄일 수 있는 낭비를 깨닫지 못해 적자가 되어 있을 뿐입니다. 환경을 재정비하면 수입이 늘지 않아도 개선할 수 있습니다.**

세대 연 수입이 2,000~3,000만 원대인 상황에서도 아이를 키우며 꾸준히 저축을 늘리는 분의 예를 많이 접해 왔습니다. 반대로 세대 연 수입이 1억 5,000만 원이 넘고 일반적인 기준에서는 여유가 있어 보이는데 저축이 전혀 없는 가계도 몇 번이나 보았습니다. 돈을 버는 능력은 있지만, 다 써 버리는 것이지요. 부부가 함께 "저축이 없는 상태가 일을 하게 하는 원동력이 됩니다"라는 의견이라면 괜찮습니다. 왜냐하면, 저축이 있고 없고가 행복한가 불행한가를 결정하지는 않기 때문입니다.

## 결국, 돈을 대하는 자신의 기준이 중요하다

중요한 것은 당신이 돈에 대해 자기만의 기준을 가지고 자녀 역시 돈에 대한 기준을 제대로 정립하도록 키워야 한다는 점입니다. 현재 가난한지 부자인지는 큰 문제가 아닙니다.

실업가이자 경제평론가인 고(故) 규 에이칸은 그의 저서에서 "돈이 많이 있다고 반드시 행복해지지는 않는다. 보통 사람이 10만 원으로 맛볼 수 있는 즐거움을 부자는 10만 원으로는 맛볼 수 없다. 객관적으로는 돈이 많은 사람이 행복하게 보여도 실제로는 그렇지 않은 일도 많다"라고 했습니다.

적자 가계에 고민하는 사람 대부분은 '어쩌다 보니', '필요해 보여서' 같은 마음으로 목적이나 동기가 불분명한 상태로 돈을 씁니다. 이것은 수입이 많고 적음과 관계없이 공통된 경향입니다. 돈이 없는 사람은 없는 대로, 있는 사람은 있는 대로 **자신의 가치관에 따라 지출을 생각해야 합니다.**

자신의 기준에 따른 돈 관리가 가능하면 중요하게 여기는 일에 제대로 돈을 내고, 불필요한 지출은 자제할 수 있습니다. 그러면 돈을 쓰고나서 후회하는 일이 줄고 자기 나름의 목적이나 행동에 적절하게 돈을 투자했다는 생각에 든든한 만족감을 얻을 수 있습니다.

만약 지금 가난하더라도 적절히 조절하며 돈을 쓰고 그에 만족감을 얻을 수 있다면 행복을 느낄 수 있습니다. 그 연장선을 따라가면 가계도 개선되고 점차 여윳돈도 늘어나겠지요. 그때, 돈에 대한 자신의 기준이 성장해 있다면 돈이 '선택지를 늘려준다는 것'을 실감하고, 여유에서 오는 행복을 분명하게 느낄 수 있을 것입니다.

# 돈의 가치는
# 계속 변화한다

 한 가지 더, 아이들에게 알려 주고 싶은 주제가 있습니다. 바로 '현재의 가치'와 '미래의 가치'를 생각하여 행동하라는 것입니다.
 당신에게 1,000만 원을 받을 수 있는 권리가 있다고 합시다. 지금 받으면 1,000만 원입니다. 그러나 1년 후에 받으면 금리 5%로 운용하여 1,050만 원을 받을 수 있습니다. 답은 정해져 있지요. 당장 현금이 필요한 상황이 아니라면 많은 사람이 1년 후의 1,050만 원을 선택하지 않을까요?
 지금 눈앞에 있는 사람이나 돈, 기업이나 물건의 가치는 미래에는 변화합니다. 그 사실을 알면서도 우리는 자꾸만 '현재 가치'에 현혹됩니다. 그러므로 금리 5%로 운용된다는 말을 듣고도 확실하게 지금 손에 들어오는 1,000만 원을 선택하는 심리도, 자녀의 취업처로 '앞으로 성장할 것 같은 벤처 기업'보다 '지금, 당장 안정된 기업'을 권하는 부모님의 생각도 이해가 됩니다. **현재의 가치는 시간이 흐름에 따라 좋은 방향으로도 나쁜 방향으로도 변화해 갑니다.**

3장에서 언급했던 '장기분산 적립 투자'는 돈의 현재 가치를 오랜 시간을 들여 좋은 방향으로 바꾸어 가는 방법입니다. 그 의미를 아이들에게 알려 주기 위해 다음과 같은 시뮬레이션을 보여 준 적도 있습니다. 매달 5,000원씩 투자하여 연이율 3%로 10년간 운용하면 원금 60만 원에 약 10만 원의 운용 수익이 붙습니다.

어른이라면 '10년에 겨우 10만 원?'이라고 생각할지도 모르겠습니다. 그러나 열 살 아이에게 10만 원은 무척 큰 금액입니다.

무엇보다 중요한 것은 금액의 크기보다 시간을 들여 돈이 일하게 하면 돈은 점점 불어난다는 사실을 알게 하는 것이지요. 지금 눈앞에 있는 5,000원의 가치가 10년 후라는 미래에는 훨씬 더 커진다는 사실을 깨달았으면 좋겠습니다.

아무도 모르던 작은 회사가 10년 후, 20년 후에는 사회에 없어서는 안 될 중요한 기업으로 성장해 온 일은 지금까지 수없이 있었습니다.

1994년 아마존이 창업되었을 때, 25년 후에 이 비즈니스가 전 세계에 퍼질 것으로 예측한 사람은 없었습니다. 분명 창업자인 제프 베이조스 역시 이만큼 성장하리라고는 전혀 생각하지 못했겠지요.

**'현재의 가치'와 '미래의 가치'. 가치를 키우기 위한 열쇠를 쥐고 있는 것**

은 시간입니다.

아이들에게는 '돈=시간'이라는 인식은 없습니다. 그러나 시간을 효과적으로 사용하면 미래의 가치가 커진다는 점을 빨리 알게 되면 아이들의 행동도 달라지겠지요. 돈의 사용법에 대해서는 물론이고 공부에도 좋은 영향을 줄 것입니다.

## 투자를 시작해야 하는 시점은 언제나 '지금'

가치를 키우기 위해서 현재와 미래의 사이에 있는 시간을 어떻게 사용해야 할까요? 중점적으로 생각해야 할 것이 두 가지 투자입니다.

하나는 3장의 주제였던 금전적인 투자입니다. 돈과 시간을 곱하여 미래에 받을 수 있는 금융 자본을 키워 가는 것입니다. 나머지 하나는 자기 투자입니다. 이것은 자신과 시간을 곱하는 것으로 일하여 얻을 수 있는 성과, 즉 인적 자본을 키우는 일입니다.

두 가지 투자 모두 '미래를 위해 돈을 사용하는 법'입니다. 학원 수업료나 책값, 자신이나 가족, 소중한 사람에게 들이는 시간, 노력, 감정도 자기 투자입니다. 핵심은 '지금 꼭 필요하지는 않지만 습득해 두면 자신을 위해서나 남을 위해서 도움이 될만한 일'입니다.

저는 금융 자산 관리사의 자격을 가지고 있습니다. 그러나 자격 취득만으로는 지식도 경험도 부족하여 다른 사람에게 도움이 되는 일을 할 수 없습니다. 그래서 자격을 취득한 후, 시간과 돈을 들여 정보를 수집하고 경험을 쌓고 다른 금융 자산 관리사보다 타인에게 도움이 되려고 더 많이 노력해 왔습니다. 그러기 위해 들였던 돈과 시간, 노력은 모두 '미래의 자신의 가치'를 높이기 위한 자기 투자입니다. 자신이 성장함에 따라 얻을 수 있는 금전적인 수익은 커지고, 가족이나 소중한 사람으로부터 받는 감사는 긍정적인 감정이라는, 돈으로는 구할 수 없는 행복감을 만들어 냅니다.

**자기 투자를 시작하는 타이밍은 항상 '지금, 이 순간'입니다.** 왜냐하면 인생에서 가장 젊은 날은 오늘이기 때문이지요. 현재 상황을 보고 미래의 자신을 상상하며 올바른 목표를 향해 걸어 나갑시다.

# 회사의 구조를 알면
# 주식도 안다

초등학생인 다섯째 딸이 다니는 학교에는 돈에 관한 수업이 있습니다.

주제는 '회사'입니다. 자기 반을 하나의 회사로 생각하여 사업 계획을 세우고 출자금을 모아 그 돈을 밑천으로 비즈니스를 하여 이익을 실현한다는 실천적인 내용입니다. 저희 딸의 반이 만든 회사는 '주식회사 4학년 1반'이었습니다.

아이들이 세운 사업 계획은 에코백 제조와 판매였습니다. 출자자는 아이들의 보호자이고 출자금액은 각 가정당 1,000원으로 정했습니다. 20명 정도인 반이므로 출자금은 약 2만 원이었습니다. 거기에 학교에서 보조금이 나오는데 이것은 금융 기관의 융자로 생각했다고 합니다. 이렇게 모은 돈을 두고 사전에 "출자받은 소중한 돈을 귀하게 쓰자"라며 아이들은 많은 대화를 나누었다고 합니다.

- 가방을 만드는 천은 어디서 사 와야 싸고 이득인가?
- 재봉틀로 만들 수 있는가?
- 다리미로 붙이는 스티커 디자인을 구할 수 있는가?
- 다리미로 붙이는 스티커 비용은 얼마나 드는가?

대략 계산을 하고 천을 파는 가게에 가서 직접 천을 샀습니다. 가정 실습실의 재봉틀로 박음질을 하고 거기에 다리미 스티커로 '우리의 학교와 환경을 소중히 하자'라는 문구를 넣어 가방을 제작한 뒤 동네 상점가에서 판매했습니다. 가격은 하나에 4,000원이었습니다. 다소 비싼 가격이었지만 사전에 다 같이 천 구매비, 박음질 작업, 프린트 디자인 제작비, 다리미 스티커 용지비, 재봉틀과 다리미를 쓰기 위한 전기료, 모두의 인건비 등 제작에 드는 비용을 계산하여 결정한 가격이었다고 합니다.

상점가에서 판매할 때는 아이들이 가게 앞에 서서 "주식회사 4학년 1반입니다!", "에코백을 판매하고 있어요!"라고 홍보를 하여 길을 가는 사람들에게 한 장 한 장 팔았습니다.

상품은 거의 다 팔렸고, 한 가정에 1,200원씩 돌려줄 만큼의 매상이 나왔다고 합니다(그 이익금은 학급 활동을 위해 사용하기로 했다고 합니다).

이 체험 수업으로 아이들은 회사의 구조를 알고 상품 판매와 돈을 버는 과정이 어떻게 돌아가는지 어렴풋이나마 이해하게 되었다고 합니다. 딸은 손님으로부터 "멋진 가방이구나"라는 말을 듣고 매우 기뻤다고 합니다.

## 아이에게 익숙한 회사에 투자해 보게 해도 좋다

펀드를 사면 필연적으로 특정 기업의 주식에 투자하게 됩니다. 자녀가 "주식회사가 뭐예요?"라고 질문할 때 어떻게 답하면 좋을까요?

회사는 돈과 사회의 관계를 생각하는 데 있어 무시할 수 없는 존재입니다. 원래 회사란 일을 하는 사람들의 집단으로 사회에 도움이 되는 사업을 계속하기 위해 노력합니다. 신규사업을 추진하거나 기존의 사업을 발전시키기 위해 출자금을 모으는데 그때 발행하는 것이 주식입니다. '주식회사 4학년 1반'의 예로 말하면 보호자가 일률적으로 투자한 1,000원에 대해 원칙대로라면 주식이 발행되어야 하지요.

사업이 잘되어 그 회사가 돈을 만들어 낼 가치가 있다고 많은 사람이 인정하면 주식의 가격인 주가도 상승합니다. 또 사업에서 생긴 이익은 일부가 다시 투자로 돌아가고 일부는 배당으로 주주에게 환원됩니다. 이것도 '주식회사 4학년 1반'의 예로 말하면 각 가정에 돌아갈 수 있는 1,200원이 배당에 해당합니다.

이런 설명은 **자녀에게 익숙한 회사를 예를 들어 이야기하면 효과적입**

**니다.** 예를 들면 아이들에게 인기 있는 게임기인 닌텐도 스위치를 제조하고 판매하는 닌텐도, 편의점의 아이스 판매대에 빠질 수 없는 가리가리쿤(일본의 인기 아이스바-옮긴이 주)을 만드는 아카기유업, 장난감이 붙어 있는 해피세트로 아이들을 유혹하는 맥도날드 등이 있지요.

이들 회사가 어떤 사업을 하는지, 왜 인기가 있는지, 오랫동안 봐 온 주가의 움직임은 어떤지, 그런 항목들을 자녀와 함께 조사해 보면 회사의 구조가 점차 보입니다.

여유자금이 있다면 실제 소액으로 소량의 주식을 구매해 보아도 좋겠습니다. 주가의 움직임을 보면서 회사가 발표한 신규사업의 상황을 살펴보고 현재의 가치와 미래의 가치가 변화해 가는 모습을 실감하는 기회도 될 것입니다.

맺으며

# 당당한 삶에는
# 돈 공부가 필요합니다

돌이켜 보면 저는 부모님에게 '돈에 관한 교육'을 받은 기억이 없습니다. 다만, 한 가지만은 강하게 인상에 남아 있는 말이 있습니다. 어머니가 입버릇처럼 하시던 "가치 있게 돈을 쓰도록 하렴"이라는 말입니다.

어린 시절에는 무슨 의미인지 잘 이해하지 못했습니다. 사회인이 되고, 돈 문제로 실패를 여러 번 경험하고, 다른 사람의 가계 재무 상담도 하고, 아이들을 키우기 시작하면서 비로소 어머니가 말씀하시던 '가치 있게 돈을 쓰라'는 말의 의미를 조금씩 알게 되었습니다.

가치 있게 돈을 쓰기가 가능한지 아닌지는 그 사람이 살아온 삶의 방식이 영향을 줍니다.

예를 들어 볼까요. 우리 눈앞에 있는 상품이나 서비스에는 모두 가격이 있습니다. 호텔의 라운지에서 마시는 커피는 1만 2,000원이며 편의점에서 금방 갈아 내린 커피는 1,000원입니다. 숫자만을 보고 '비싸다, 싸다'를 판단한다면 호텔의 커피는 너무 비싸니 낭비이며, 편의점의 커피는 싸기 때문에 이득이라고 하겠지요. 하지만 당신에게 물건의 가치는 가격으로 정해지나요?

'조금 비싸도 해 보고 싶은 것'이 있는가 하면, '싸면서도 무척 가치가 있는 것'도 있습니다. 저의 어머니가 하신 가치 있게 돈을 쓰라는 말은 앞으로 쓸 돈, 이미 쓴 돈을 '가치 있는 돈'으로 만들기 위해서는 분명하게 자신의 가치관으로 판단하여 결정하라는 말이었다고 생각합니다.

새삼스럽게 생각해 보면 이상하기도 합니다. 1,000원은 1,000원이고, 1만 원은 1만 원일 뿐입니다. 돈 그 자체의 가치는 누가 가지고 있어도 평등합니다. 일의 보수로 받을 때, 물건을 살 때, 누군가에게 돈을 빌릴 때, 돌려줄 때, 돈 그 자체에는 금액 이상의 가치도 없고 그 이하도 아닙니다. 그런데 그 금액의 가치를 어떻게 느끼는지는 사람에 따라 다릅니다.

어린 시절, 세뱃돈으로 받은 10만 원은 엄청나게 큰돈으로 느껴졌습니다. 사회인이 되어 처음으로 보너스를 받아 들고서는 '아까워서 쓸 수 있을까?'라고 생각했는데, 일주일 뒤에는 한 푼도 남김없이 깨끗하게 사라진 경험, 없으신가요? 흔한 경험은 아니겠지요(웃음).

나이는 물론이고 처한 상황, 환경, 수입이나 생활에 필요한 액수에 따라 느끼는 돈의 무게는 달라집니다. 월급날 직전 지갑이 가벼울 때는 가방 밑에서 5,000원만 나와도 무척 신나고, 도박에 빠진 사람에게는 10만 원도 금세 없어지는 가벼운 존재일지도 모릅니다.

돈은 어떤 일을 이루어 내기 위해 사용됩니다. 바꾸어 말하면 돈은 사용하는 방법에 따라 그 가치가 달라집니다. 가치 있는 돈이 될지, 단순히 소비나 낭비가 될지는 돈을 사용하는 사람에 의해 결정됩니다. 즉 평소에 돈을 대하는 태도, 사용하는 방법, 생활습관, 환경 등 다양한 요소에 영향을 받아 형성된 그 사람만의 돈에 대한 가치관이기에 무엇보다 중요합니다. 그러기에 저는 아이들에게 '의미 있게 돈을 쓸 수 있는' 가치관을 몸에 익히기를 바라며 계속 노력하고 있습니다.

## 돈 공부가 아이들을 너무 돈에 집착하게 하지 않을까 걱정된다면

우리 부부는 아이들에게 자산을 남기지 않겠다는 방침을 세웠습니다. 그러나 스스로 조사하는 능력이나 돈을 불리는 능력은 키워주고 싶어 달러 용돈이나 용돈 기입장, 가족 재정 회의 등의 제도를 만들어 아이들과 함께 돈에 관한 소통 시간을 늘리려고 애를 씁니다. 시간을 내 편으로 만드는 방법을 가르치고 일찍부터 투자를 시작하도록 권하고 있습니다.

이런 노력의 성과인지, 6명의 아이들은 각각 개성에 맞게 돈의 가치관을 세워 가고 있습니다. 특히 사회인과 대학생이 된 큰아이들은 저의 10대, 20대와 비교하면 분명히 똑 부러지는 돈의 우등생이 되었습니다.

다만, 걱정도 있긴 했습니다. '소비', '낭비', '투자'를 의식하여 돈을 소중하게 쓰는데 너무 집착해 인색하게 절약만 하는 아이가 되어 버리지 않을까 하는 점이었지요.

하지만 동일본대지진을 겪은 뒤, 저의 걱정은 기우였음을 확실하게 알게 되었습니다. 지진 재해가 있었던 달의 가족 재정 회의에서 동일본대지진 피해지역 기부가 큰 주제가 되었습니다.

저는 평소에 아이들에게 기부를 권했습니다. 사람은 어른이든 어린이든 자신을 둘러싼 일상이 '일반적'이라고 생각하기 쉽습니다. 그러나 제대로 된 교육을 받고, 용돈을 받으면서 자라고, 학생 때부터 투자를 할 수 있는 선택지가 있는 환경은 세계적으로 보면 반드시 일반적이지는 않습니다. 그 풍족함과 주어진 혜택을 알기 위해서 아무리 적은 금액이라도 기부라는 형태로 다른 사람을 생각하는 마음을 표현하게 했습니다.

그런 배경이 있었기 때문인지, 지진 재해가 있고 나서 가족 재정 회의에서는 당연한 일처럼 "가족 모두 기부를 하자"라는 이야기가 나왔습니다. 각자의 용돈에서 낼 뿐만 아니라, 가계 예산에서도 내기로 해서 기부 금액을 얼마로 할지에 대한 논의가 이루어졌습니다. 저는 '기부를 하자'까지는 생각했지만, 구체적인 기부 금액까지는 아직 생각해 보지 않은 상황이었습니다. 큰딸을 중심으로 한 아이들이 "설마 몇만 원 내고 끝낼 생각은 아니죠?"라며 강하게 의사를 밝혔습니다. 결과적으로 아이들의 마음에 떠밀리다시피 해서 제 생각보다는 훨씬 큰 금액을 기부했지요. 그날의 가족 재정 회의는 무척 가슴 벅찬 기억으로 남아 있습니다. 평소에 아이들과 돈에 관한 이야기를 하면서 써야 할 때는 아까워하지 말고 쓸 수 있는, 강약 조절이 되는 금전 감각을 키워 주고 싶다고 늘 바라왔는데, 그 생각이 충분히 전해졌음을 알게 되었기 때문입니다.

아이들은 '지금 필요한 사람이 있는 곳에 조금이라도 많은 기부를 하고 싶다'라고 생각하고 실천해 주었습니다. 정말 가치 있는 돈의 사용법입니다. 돈은 자신이 그리고 싶은 인생을 실현하기 위한 도구입니다. 그 사용법에는 당신이나 아이가 바로 투영됩니다.

어떤 자세를 아이들에게 보여 주고 싶으신가요? 또 아이들은 어떤 자세를 보여 주기를 원하시나요. 금전 교육에는 꼭 무엇이 좋다고 정해진 답은 없습니다. 우선은 부모인 당신이 마음을 열고 돈에 대해, 투자에 대해 말을 꺼내 보세요. 소통을 거듭하는 사이에 당신과 자녀에게 딱 맞는 목적지가 보일 것입니다.

이 책이 여러분 가족의 가능성을 끌어내는 기회가 되기를 바랍니다.